小野寺史郎

戦後日本の中国観

アジアと近代をめぐる葛藤

中公選書

はじめに

本書の問題設定

今やメディアに中国に関わるニュースが流れない日はない。巷間には大量の中国に関する論著があふれている。世界中の研究者、ジャーナリスト、政治家、企業、そして一般の人々が中国の挙動を注視し、その行方を予想しようとしている。しかしその試みは率直に言ってうまくいかないことがあまりに多い。未来の予知はもちろん一般に困難であり、対象が外国ならばなおさらである。ただ、それにしても私たちの中国に関する予測や予想は裏切られ続けてきたと言ってよい。たとえば今から三〇年前、一九八九年の天安門《てんあんもん》事件の時点で、その後に中国経済がここまで成長すると予想した者は少なかっただろう。逆に中国政治がここまで変わらないと予想した者はさらに少なかっただろう。

このように中国に関する予測が外れる原因については、大きく二つの説明がある。一つは中国それ自体が非常に理解しにくいというものである。たとえば現在の日本を代表する現代中国研究者である毛里《もうり》和子《かずこ》は、アメリカの対中誤認を取り上げて次のように述べている。

毛沢東《もうたくとう》時代を含めて中国外交は世界を悩ませてきた。ある事象や変化に対する想定外の反応が多いし、なにより政策決定のプロセスやアクターの透明度が高くなっている二一世紀になっても中国では誰がどのように決めているのか、ほとんど分かっていない。不透明性がきわめて高いのである。しかも、中国のある事態・事件に対する観察や反応は、国際政治学や政治学一般の議論からの予測や推定を裏切ることが多い(1)。

中国共産党政権の不透明性や既存の理論を裏切る反応が現在の中国の行動を理解しにくくしている一大要因であることは間違いない。ただ、中国に関する外部からの予測が外れがちなのは、中華人民共和国の成立後に限ったことではない。それは歴史上、長く中国を観察し、論じてきた日本にとりわけよくあてはまる。

そのため、日本の中国近現代史研究者や現状分析家がこの理由を考えた時にしばしばたどり着いたもう一つの結論は、問題はむしろ観察する側である日本の中国観にあるのではないか、というものだった。これは日本の中国研究が、同時代の日本国内の状況、そして日中関係のあり方から非常に強い影響を受けてきたという事情による。

日本は長きにわたり中国の文化や制度を換骨奪胎しつつ受容してきた。日本の知識人にとって漢学は重要な教養であり、中国は彼らにとって学ぶべき先進国、「文明」であった。

一九世紀の二度のアヘン戦争における中国の敗北と、日本の明治維新はこうした関係を大きく変えた。特に日清戦争以後の日本では「西洋近代化に成功した進んだ日本」と「頑迷固陋《がんめいころう》な遅れた中国」を対置する考え方が一般的となり、こうした中国に対する軽視と侮蔑感が以後の大陸進出政策の背景となった。一方で明治時代には、軽薄な欧化に反対し、日中の提携により西洋に対抗するというアジア主義も生まれたが、こちらも結果的には「大東亜共栄圏」に代表される、日本の膨張を正当化する論理に帰着した。

しかし日本が敗戦し、中華人民共和国が成立すると、国交が途絶え現実の中国の情報が極端に減少する中、日中戦争への負い目、社会主義革命への憧憬から、戦前の中国観は否定され、知識人を中心に「新中国」を過度に高く評価する傾向が生まれた。しかし一九六六年に文化大革命が始まり、その実情が次第に日本にも伝わると、こうした一種の幻想は否定されていった。

一九七二年に日本と中華人民共和国の間に国交が樹立され、一九七六年には文化大革命が終わる。中国政府が日本の経済的優位を認めて改革開放政策への援助を求め、日本政府もそれに応じたこと、中国の民主化への期待などから、日本社会にはオリエンタリズム混じりの「日中友好」ブームが起きた。しかし一九八九年の天安門事件はこうした空気を一変させた。さらに一九九〇年代半ば以降は、台湾海峡危機を契機に中国脅威論が高まり、歴史認識や領土問題をめぐる反日デモによって日本社会の対中感情は悪化した。二〇一〇年に中国がGDPで日本を抜く大国となり、尖閣諸島や南シナ海、香港をめぐる緊張や米中対立が深まる中、どのように中国と向き合うかは、現在の日本にとって極めて大きな問題となっている。

このように近代以来、日本と中国それぞれのあり方、そしてそれにともなう両国関係が何度も大きく変わったことで、中国の歴史と現状に対する日本の研究者の見方もくりかえし見直しを余儀なくされてきた。中国史を長く進歩のない停滞したものとする見方、社会主義革命をゴールとする階級闘争の歴史と捉える見方、西洋や日本と共通する資本主義や民主主義の展開を重視する見方、逆に中国の特殊性を強調する見方などである。この点で日本の中国研究は、物理的にも心理的にも遠く離れた、欧米人による中国研究、日本人による欧米研究などとは大きく異なる条件の下にあった。そして中国に対して異なる見方を持つ日本の研究者の間では、真剣な論争や激しい衝突がくりかえされた。それは現在の日本の中国観にもさまざまな影響を及ぼしている。

本書はこうした近代以来、特に戦後の日本の中国近現代史研究の歴史をひもとき、日本の研究者たちがこれまでどのような視点から中国を観察し分析してきたのか、そこで何が論点となったのかを明らかにする。それは、現在の私たちが中国を論じる際に依拠している枠組みが、どのように作られてきて、どのような特徴を持つのかを知ることにもつながるだろう。そしてそれは自明のように思われる既存の認識枠組みを相対化し、より正確に中国を理解し論じる方法を模索するための手がかりともなるだろう。

本書の方法

具体的には本書は、近代以来の日本の中国論を、ここまでにも触れたいくつかの座標軸に基づいて類型化し整理していく。一つ目の軸は空間に関わるもので、中国の問題を、中国に特殊なものとみなすか、それとも他地域にも共通する普遍的なものとみなすかである。

この視点はもう少し細かく分けると次のようになる。本文中で見るように、明治以降の日本の世界認識は、日本・西洋・東洋（≒中国）という三区分法に大まかに基づいていた。もちろんその後の東西冷戦時代やアジア・アフリカ・ラテンアメリカ諸国のプレゼンス拡大により、こうした世界の見方が現在もそのまま通用しているわけではない。しかし特に歴史学研究者の養成に関わる日本の大学の学科や学会の編成においては、長く日本史・西洋史・東洋史の三区分が最も基本的なものとなってきた。このうち、日本と西洋の共通性（普遍性）、東洋との相違性（中国の特殊性）を強調するといわゆる「脱亜論」に傾き、反対に日本と東洋の文化的共通性を強調し、西洋文明の普遍性を否定する立場をとると、前述の「アジア主義」に親和的になる。中国の問題を普遍的なものと捉えるアプローチは、日本・西洋・東洋の全てについて差異よりも共通性を重視する立場と言える。

　二つ目の軸は時間に関わるもので、現在に至る中国の歴史的な連続性を強調するか、近代以降の変化をより重視するか、である。後者の場合さらに、アヘン戦争、清末の近代化政策、辛亥革命、五四運動、中国国民党政権の成立、中華人民共和国の成立、改革開放政策の開始などの出来事のうちどれを時代の画期としてより重視するかでも立場が分かれる。一つ目の軸との関係で言えば、脱亜論にせよアジア主義にせよ、中国と他地域との差異を重視する場合は中国の政治・文化・社会構造などの歴史的連続性を強調し、現在の中国の抱える諸問題の普遍的性格を強調する場合は近代以降の変化を重視する傾向が強い。

　さらにもう一つの軸を設定するとすれば、日本で中国という外国の歴史や現状を研究する意味をどのように考えるか、であろうか。この点は、自国史である日本史や、「進んだ西洋に学ぶ」ことが自明視された西洋史との違いと言えるかもしれない。中国の問題が、日本の問題とどのように関係するかを問うという意味では、これも一つ目の軸と関わる。また研究の意味を現実の必要性に求めた場合には、学問と政治の関係はいかにあるべきか、主体的な問題意識を重視するかそれとも観察の客観性を強調するかといった問題をめぐる立場の違いも生じた。

このような固定的な座標軸に基づく類型化が、個々の論者の内面的思索の筋道を軽視し、単純化するものだという批判は甘んじて受けなければならない。ただ本書は明治以来一五〇年間の日本の中国論の大まかな流れとその構造的特徴を把握し、読者に紹介することを第一の目的として、こうした書き方を選択した。これは先行の諸書に、頂点的知識人や著名人の中国論について深い考察を加える一方、その数人の分析をもって「近代日本の中国認識」とするものが多く、それよりもう少し幅広い流れを通時的に提示する書の必要性を感じたためでもある。この試みが有効であったか否かは、読者の判断に委ねたい。

また本書では前述のように、日本の中国近現代史研究と現状分析を主な検討の対象とする。そして日本の中国研究全体に影響を及ぼした、哲学、文学、そして近代以前の歴史に関わる研究史上の論点については必要に応じて言及する。筆者の能力と紙幅の限界から、重要な論点だが本書では論じられなかったものも多々ある。その点についてもあらかじめ読者の寛恕を請いたい。

本書の構成

本書の構成は次の通りである。

第一章では戦後の日本の中国観の前史となる明治以来の日本の中国観について簡単に紹介する。近代日本の中国論の枠組みがどのように形成され、そこにどのような特徴があったのかを論じる。

第二章では戦後初期の中国論を見ていく。敗戦によって日本の中国観のどこが変わり、どこが変わらなかったのか。そこで何が課題とされたのかを明らかにする。

第三章では戦後一〇年あまりを経て登場した新しい世代の研究者の、それまでの中国論に対する異議申し立てを見ていく。特にこの時期に中国で起きた文化大革命は、その評価をめぐって日本の中国研究者の間に大きな亀裂をもたらした。

第四章では日中国交樹立と改革開放政策によって中国と日本の関係が大きく変化する中、それまでの中国観に根本的な修正を迫られた日本の研究者たちの模索の過程を見ていく。この時期は戦後日本の中国研究にとって大きな転換点となった。

第五章では天安門事件と中国の急速な経済成長、そして日中間にさまざまな摩擦が生じる中での日本の中国研究の展開を見る。この時期には日中の研究交流も進んだが、時にそれは新たな課題も生んだ。

「おわりに」ではここまでの内容を踏まえ、現在の日本の中国研究が直面する課題を見るとともに、将来の展望を示して本書の結論に代えたい。

なお、研究者が問題意識を持ってから実際に調査を行って、それが論文や単行本の形で公刊されるまでには数年から一〇年程度の時間がかかることがままある。このため現実の日中関係に大きな変動が起きたとしてもそれが学問研究の成果に反映するには若干のタイムラグが避けられない。こうした事情から研究の性質にともなう時期区分はいくぶん幅を持ったものにならざるを得ない。この点についてもあらかじめ読者の理解を請いたい。

注

(1) 毛里和子『現代中国外交』岩波書店、二〇一八年、二頁。

目次

凡例

一、引用文について、漢字は、常用漢字・人名漢字に新字体が定められたものは、原則としてこれを採用し、適宜ルビを補った。かなづかいは底本に従った。省略した個所は……、言葉などを補った個所は〔　〕で示した。

一、必要に応じて人物に生没年を付した。また、所属組織等はその時点のものである。

戦後日本の中国観——アジアと近代をめぐる葛藤

第一章　脱亜と興亜の間で
——戦前

「支那知識の豊富な所有者を俗に支那通と呼びならはし世人は一面に之を重宝がり他面に之を軽侮して居るのであるが、支那通の軽侮を受ける理由は彼等の経済的及び道徳的欠陥を別とし、其表藝《そのおもてげい》たる支那知識の内容の非科学的な為であつて、即ち所謂《いわゆる》身から出た錆であつて決して彼等を軽蔑する所の世人の罪では無さゝうである。譬《たと》へば所謂支那通の予言は第一革命〔辛亥革命〕以来越中褌《ふんどし》と同じく、必ず向《むこ》ふからはづれるものであると云ふ洵《まこと》に不結構な折紙をつけられて居る。」（橘樸「支那を識《し》るの途《みち》」『月刊支那研究』第一巻第一号、一九二四年一二月）

関連年表

1840	6	アヘン戦争はじまる（-1842）。
1856	10	第二次アヘン戦争はじまる（-1860）。
1868	1	日本で明治維新おこる。
1871	**9**	**日清修好条規締結。**
1887	9	帝国大学文科大学に史学科設置。
1894	8	日清戦争はじまる（-1895）。
1898	**11**	**東亜同文会結成。**
1900	6-8	義和団戦争おこる。
1904	2	日露戦争はじまる（-1905）。
1907	**5**	**京都帝国大学文科大学に東洋史学講座設置。**
1910	8	日本、韓国を併合。
1911	10	辛亥革命はじまる。
1912	1	中華民国成立。2 宣統帝退位。
1914	7	第一次世界大戦はじまる（-1918）。
1915	1-5	日中、二十一か条要求をめぐる交渉。
1919	5	五四運動おこる。10 中国国民党結成。
1921	7	中国共産党結成。
1922	7	日本共産党結成。
1924	1	中国国民党、国共合作を決定。**11 東洋文庫設立。**
1926	7	国民革命軍、北伐を宣言。
1927	4	蔣介石、上海クーデターをおこす。南京国民政府樹立。
1928	5	済南事件おこる。6 国民革命軍、北京入城。
1929	**4**	**東方文化学院設立。10 プロレタリア科学研究所創立。**
1931	9	満洲事変おこる。
1932	**12**	**歴史学研究会創立。**
1935	8	中国共産党、八一宣言。
1936	12	西安事件おこる。
1937	7	盧溝橋事件おこる。日中全面戦争へ。12 南京事件おこる。
1939	9	第二次世界大戦はじまる（-1945）。
1941	12	太平洋戦争はじまる（-1945）。

1　近代日本の中国観の形成——明治

日本の東洋史学の始まり

最初に、中国に関わる日本独特の「東洋史」という学問分野が成立した経緯を簡単に紹介したい。

そもそもヨーロッパで歴史学（history）という学問分野が対象とするのは、古代ギリシャ・ローマから中世カトリック世界を経て近代諸国家の成立に至るヨーロッパの歴史のみだった。その外部のアジアに関する学問的研究では、主に言語に基づいて地域を区分し、その地域ごとに歴史・文化・宗教・民族などを総合的に研究するという手法がとられた。歴史学、政治学、経済学といった方法論によって分けるのではなく、エジプト学、トルコ学、中国学、日本学といった地域ごとの専門家を養成したのである。これらはまとめて東洋学（Oriental studies）と呼ばれた。

明治日本で近代的な歴史学が開始されるのは、一八八七年に帝国大学文科大学（現・東京大学文学部）がドイツの歴史学者ルートヴィヒ・リース（Ludwig Riess）を招聘《しょうへい》して「史学科」を設けてからである。前述の事情によりリースが史学科で講じたのはあくまでヨーロッパ史だったため、一八八九年には別に日本の歴史を扱う「国史科」が置かれることになった。同年に日本最初の歴史学

桑原隲蔵

会である「史学会」が創設され、会誌『史学会雑誌』（後、『史学雑誌』と改題）の刊行も始まっている。他方で文科大学には「漢文学科」も存在し、そこで中国の思想・歴史・文学などが講じられていた。このように明治日本の歴史学はヨーロッパの歴史学を受容しつつも、江戸時代以来の国学・漢学・洋学という枠組みも色濃く残す形で出発した。

「東洋史」という言葉が使われ始める契機となったのは、一八九四年に第一高等中学校（現・東京大学教養学部）教授那珂《なか》通世《みちよ》（一八五一—一九〇八）が、中等教育における外国史を「東洋歴史」「西洋歴史」に二分することを提案したことだとされる。「東洋史」に日本史が含まれないのはこのためである。文科大学漢学科（漢文学科より改称）を卒業した桑原隲蔵《くわばらじつぞう》（一八七一—一九三一）が著した中国通史の教科書『中等東洋史』（一八九八年）が好評を博したことも、東洋史という言葉の定着に一定の役割を果たしたと考えられる。[1] こうして日本史・西洋史・東洋史という三区分が次第に形成されていく。

東京学派と京都学派

一八九七年に新たに京都帝国大学が開設されたため、それまでの帝国大学は東京帝国大学に改称された。同じ年、東京帝国大学文科大学漢学科で「支那歴史」科目が開講され、那珂通世が講師を務めた。那珂の後を継いだのが白鳥庫吉《しらとりくらきち》（一八六五—一九四二）である。

白鳥は文科大学史学科の第一回卒業生であり、もともと西洋史を学んでいた。白鳥は一八九〇年に学習院（現・学習院大学）教授となり、「東洋諸国史」科目の担当を命じられたため、急遽隣接する朝鮮の歴史から調べ始めたという。白鳥は一九〇一年から一九〇三年にかけてヨーロッパに派遣されて東洋学を学び、以後マンチュリア（満洲）や中央ユーラシアの古代史を主な研究領域とするようになる。

白鳥が朝鮮やマンチュリアの歴史を学び始めたこの時期は、日清戦争（一八九四—一八九五年）・日露戦争（一九〇四—一九〇五年）・韓国併合（一九一〇年）によって日本が朝鮮半島やマンチュリアに勢力を拡大し始めた時期に重なる。実際に白鳥は満鉄（一九〇六年成立）初代総裁後藤新平《ごとうしんぺい》の支援を得て、一九〇八年に「南満洲鉄道株式会社歴史調査室」を設立し、自身が主任、箭内亙《やないわたり》、松井等《まついひとし》、稲葉岩吉《いなばいわきち》、和田清《わだせい》、池内宏《いけうちひろし》、津田左右吉《つだそうきち》、瀬野馬《せのうま》熊《くま》らを研究員として「満鮮地理歴史研究」を実施していた。このため戦後になると、白鳥の学問は日本の帝国主義的拡張に寄与するものだったという批判も受けた。後述の内藤湖南《ないとうこなん》も日露戦争後に外務省の

白鳥庫吉

嘱託を受けて占領地行政や中朝国境の間島《かんとう》地域の領有問題に関わる現地調査に従事している。しかし近年では、良くも悪くもこの時代の東洋史学者たちは総じて政治的センスや影響力を欠いており、戦後の批判は過大評価だったのではないかという見方も提起されている[(2)]（満鉄歴史調査室は不要として一九一五年に廃止され、研究は東京帝国大学文科大学に移管されている）。他にこの時期の白鳥の活動として、一九〇八年に桂太郎《かつらたろう》の主宰する東洋協会に調査部を設け、翌年から『東洋協会調査部学術報告』を刊行している（後、『東洋学報』と改題。戦後は後述の東洋文庫が引き継いで刊行[(3)]）。

一九〇四年に東京帝国大学文科大学が哲学科・史学科・文学科の三学科構成に再編され、さらに史学科の下に「国史学科」「西洋史学科」と並んで「支那史学科」が設置されると、白鳥が教授を兼任した。この「支那史学科」が後に改称されて「東洋史学科」になる。前述した経緯から、東大東洋史といわゆる「白鳥史学」には、江戸時代以来の「漢学」より、ヨーロッパの歴史学や東洋学（Oriental studies）の影響が強かったと言える。

これに対し、京都帝国大学文科大学は一九〇七年に「東洋史学講座」を開設し、『大阪朝日新聞』『台湾日報』『万朝報《よろずちょうほう》』などの記者だった内藤湖南（一八六六―一九三四）、次いで桑原隲蔵が着任した。京大東洋学の特徴として挙げられるのが、哲学・史学・文学といった学問分野別の区分ではなく、日本・中国・インドといった地域別の区分への志向があったことである。これはヨーロッパ式の東洋学の発想に近い。このため京大東洋学の成立を論じる際には、東洋史学講座の内藤・桑原に、「支那語学支那文学講座」の狩野直喜《かのなおき》（一八六八―一九四七、東京帝国大学文科大学漢学科卒）を加えた三人を併論するのが通例である。一九〇七年には歴史学・哲学・文学の講座を横断した「支那学会」も設けられている。また白鳥庫吉が専ら「塞外《さいがい》史」や東西交渉史を重視したのに対し、内藤らはいわゆるチャイナ・プロパー（漢人居住地域）研究の重要性をあらためて強調した。内藤が清朝考証学を高く評価し、羅振玉《らしんぎょく》や王国維《おうこくい》など同時代の中国の学者たちとの間に交流があったこともよく知られる。ただ、内藤らも日本の既存の漢学に批判的だった点は白鳥らと同じであり、ヨーロッパのシノロジー（Sinology）を強く意識していた。そのため自らの学問を漢学と区別して「支那学」と呼んだ。

　こうして東京と京都にそれぞれ特色を持った東洋史学が生まれた。ただいずれにしても日本の東洋史学は、江戸時代以来の漢学を背景に、ヨーロッパの歴史学や東洋学の方法論が混じり合って成立したものであり、強い独自性を持つ学問領域だったと言える。[4]

内藤湖南

　なお、戦前日本の東洋史学が江戸時代の漢学から引き継いだ特徴として、より古い時代を重視する一方で、明（一三六八―一六四四年）以降の時代は学問的検討の対象ではないという意識があったことが挙げられる。那珂通世は『支那通史』（一八八八―一八九〇年）の記述を宋で終え、元の研究に生涯を捧げた。内藤湖南の「支那近世史」講義（一九一八―一九二〇・一九二五年）も扱っているのは五代から元までである。[5]もちろんこれから見ていくように、戦前の東洋史学者たちが同時代の中国について発言することはままあった。しかしそうした時事問題を直接学問的検討の対象とした研究者は非常に少なかった。日本のアカデミズムの分野で中国の近現代史に関する研究が本格的に始まるのは戦後になってからである。この点はあらかじめ指摘しておきたい。

アジア主義と脱亜論

明治政府は一八七一年に日清修好条規を締結し、以後、中国と新たにさまざまな面で関係をとり結んでいった。そのため、ここまで見たアカデミズムにおける研究にとどまらず、政界や民間においてもアジアや中国をめぐる議論は盛んになった。そこには政治家やジャーナリスト、そして明治維新から一定期間を経て社会が安定化に向かう中、閉塞状況の打破を国外に求めた「大陸浪人」や「支那通」と呼ばれる個人・団体によるものが含まれていた。こうした明治日本のアジア論をやや乱暴に類型化すると、アジア主義と脱亜論の二つに分けることができる。

一般にアジア主義という主張の開始は、海軍軍人曽根俊虎《そねとしとら》らが一八七七年に結成した「振亜社」、そして一八八〇年にそれを改組して成立した「興亜会」に求められる。アジアの振興を主張する同会には、清の初代駐日公使何如璋《かじょしょう》、香港のジャーナリスト王韜《おうとう》、朝鮮修信使の金玉均《きんぎょくきん》らが入会したことで知られる。初期のアジア主義の典型的な主張として、興亜会にも参加していたジャーナリスト草間時福《くさまときよし》の「東洋連衡論」(一八七九年)などが挙げられる。

今ヤ我国ハ亜細亜諸国開化先進ノ国タルハ自ラ任シ又他ノ許ス所ナルヲ以テ諸邦ニ率先シテコノ東洋連衡ノ業ヲ担当スルハ我国ヲ棄テ、又誰カアル……故ニ余輩ハ欧亜ノ権衡ヲ維持シ彼カ蚕食掠奪ヲ防クノミナラズ我国ヲシテ東洋ノ盟主トナシ卓然其牛耳ヲ執ルノ位地ニ置クノ道ハコノ東洋連衡ヲ棄テ又他ニ如何ナル良謀善策アルヲ知ラサルナリ(6)

ここには、東洋が団結して西洋に対抗する、そしてその際に盟主となるのは日本である、というアジア主義の最も基本的な二つの発想が既に備わっている。ただその後、日本を盟主とすることに対する清国会員の反発や、一八八四年に日本の援助を得た金玉均らが朝鮮でクーデターを試み、それに清軍が介入して鎮圧する事件(甲申《こうしん》事変)が起き、朝鮮をめぐる日清の対立が深まったことから、興亜会は次第に分裂に向かった。

これに対し「脱亜論」はよく知られるように福沢諭吉《ふくざわゆきち》が一八八五年に『時事新報』に掲載したもので、日本はアジアの他国との関係を断ち、西洋の立場に立つべきと主張した。

我日本ノ国土ハ亜細亜ノ東辺ニ在リト雖《いえど》モ其国民ノ精神ハ既ニ亜細亜ノ固陋ヲ脱シテ西洋ノ文明ニ移リタリ……左《さ》レバ今日ノ謀ヲ為スニ我国ハ隣国ノ開明ヲ待テ共ニ亜細亜ヲ興スノ猶予アル可《べか》ラズ寧《むし》ロ其伍ヲ脱シテ西洋ノ文明国ト進退ヲ共ニシ其支那朝鮮ニ接スルノ法モ隣国ナルガ故《ゆえ》ニトテ特別ノ会釈ニ及バズ正ニ西洋人ガ之ニ接スルノ風ニ従テ処分ス可《べ》キノミ(7)

この文章の評価をめぐってはさまざまな議論がある。ただこうした考え方が、特に日清戦争の勝利後、この戦争を西洋化・文明化した日本と、アジア的・守旧的中国との対決とする見方が広まる中で一般化したことは間違いない。たとえば日清戦争時の外交を担当した陸奥宗光《むつむねみつ》が戦争直後に書いた『蹇蹇録《けんけんろく》』（公刊は一九二九年）が次のように述べているのがその典型である。

特に我国は維新以来茲《ここ》に二十有七年政府も国民も汲々として西欧的文明を採用することを努め……然《しか》るに清国に在《あり》ては依然往古の習套を墨守し毫《ごう》も内外の形勢に応じて其旧慣を変改する所なきを以て僅《わずか》に一衣帯水を隔てる両国にして一は西欧的文明を代表し他は東亜的習套を保守するの異観を呈出し来《きた》れり……而《しか》して外面の争論は如何なる形跡に出づるも其争因は必ず西欧的新文明と東亜的旧文明との衝突たるべし……(8)

こうして戦前日本のアジア論の二つの基本パターンが形成された。「はじめに」にも述べたように、争点は日本をアジアに含むか否かである。ただ、対等な日清提携を主張した勝海舟《かつかいしゅう》のような少数の例外を除けば、アジア主義にせよ脱亜論にせよ、いずれも日本がアジアで最も「開化」していること、日本の優位性は大前提だった。(9) また日清戦争後に日本による朝鮮半島の植民地化が進められたため、以後アジア主義・脱亜論の対象としての「アジア」は多くの場合中国を指すようになる。

ただ付言しておかなければならないのは、明治以来の日本社会の主流はあくまで欧化であり、東洋史学やアジア主義に向かった人間は本質的に非主流派だったことである。高等教育機関・官僚組織・軍を問わず、トップエリートはヨーロッパに留学したのであり、その中であえて中国の専門家になろうというのは、トップエリートに届かなかった者か、あるいは「非常に変わり者」だった。(10)とはいえ戦前の日本はヒト・モノ・カネの流れ、そして外交上の摩擦や戦争も含めて中国と非常に密接な関係にあり、中国情報に対する社会の需要は高かった。そのため日中間に事件が生じた場合などに、中国専門家に光が当たると同時に、必ずしも中国を専門としない知識人やジャーナリストが中国について発言する機会も多かった。そこにはたとえば本章で見るように吉野作造《よしのさくぞう》や矢内原忠雄《やないはらただお》、蠟山政道《ろうやままさみち》といった文字通りのトップエリート(東京帝国大学法学部・経済学部教授)も含まれていた。中国専門家を自負する東洋史学者の間には、中国の「再認識」を主張する彼らへの対抗意識も強かったのかもしれない。

「支那保全論」とその変容

日清戦争後の一八九八年、ドイツが山東《さんとう》半島の膠州《こうしゅう》湾を租借したのを皮切りに、列強が次々と清国内に租借地を設定していった。こうした状況の下、貴族院議員の近衛篤麿《このえあつまろ》らは「東亜同文会」を組織し、ヨーロッパに対する危機感と「同人種同盟」の必要性を訴えた。

近時日本人は戦勝の余威によりて、漸《ようや》く驕慢の心を長じ、支那人を軽侮すること益々太甚《はなはだ》しく、特に支那の各地に在る日本人は、恰《あたか》も欧洲人の支那人に対する如《ごと》き態度を以て、支那人を遇し、以為《おもえ》らく日本は東洋に於ける唯一の文明国なり、支那の先進国なりと。……然れども支那人民の存亡は、決して他人の休戚に非ずして、又日本人自身の利害に関するものたり。故に日本人は、平生支那人を待つに友情を以てし、之れを誘掖《ゆうえき》し、之れを開導して、其進歩を計り、其発達を促かすを念と為し、以て勉《つと》めて其猜疑を去り、其娼嫉を除くの手段を講せざる可からず[11]〔傍点は原文〕。

東亜同文会はアジア主義に基づき、西洋列強の中国進出に対抗する「支那保全論」を唱えた。同会は一九〇一年に上海に「東亜同文書院」を設立し、日中関係に関わる人材の育成に当たった。商業目的などで中国を訪れ、あるいは中国に居住する日本人も増加した。

清も義和団戦争（一九〇〇年）の敗北を経て一九〇一年に本格的な政治体制改革（新政）を開始した。この時期には、距離が近く、欧米よりも費用がかからないという理由から、多くの清国学生が日本に留学し、日本を通じて西洋を学ぼうとした。

こうして実際に中国人や中国社会に触れる機会が増加する中、活字メディアなどを通じてやや通俗的な中国論も流布されるようになる。たとえば戦前日本を代表するジャーナリストである徳富蘇《とくとみそ》峰《ほう》は実際に中国を訪れた感想を次のように述べている。

支那には家ありて、国なく、支那人には、孝ありて、忠なしとは、或る支那通の警句に候《そうろう》。今日に於て、支那人に国家的観念なきのみならす、従来とても国家的観念らしきものは、殆《ほとん》と見出し兼《かね》候。切言すれは支那は、近世的意義に於ける、国家的組織なるもの、曽《かつ》て此れありしや否や、随分疑はしく候。(12)

明治の史論家として知られる山路愛山《やまじあいざん》も、日本と中国の違いを専ら強調し、近代国家建設を目指す清の新政に対して否定的な評価を下した。

一言《げん》にして曰《い》へば支那平民の胸中には天下（即ち世界）ありて国家なく、個人の利害ありて公共の利害なし、即ち社会なくして唯《ただ》一個人あるのみ。其文明の進歩意外に遅鈍なること亦宜《またむべ》ならずや。今日と雖も支那人にして国家的観念を有するものは唯《ただ》学問ある少数の階級のみ。此階級のみ独り国家にして其他は即ち散漫なる無意義の人群なり。(13)

こうした個人・家本位で、国家観念を持たない中国人というイメージは、この後通説的にくりかえし現れる。中国の庶民が近代的な国家観念を欠く点については、同時代の中国知識人たちも同様の認識と危機感を持っていた。ただ、このような日本の観察者の中国社会に関する議論が、専ら日本との対比という形でなされており、またそこで中国社会に対する低い評価が日本社会の優越性の主張と結びついていたことも指摘しておかねばならない。この背景には、一つには江戸時代以前から（たとえば本居宣長《もとおりのりなが》が「漢意《からごころ》」との対比で「大和魂」を論じたように）日本における中国論が往々にして日本との対比でなされてきたこと、したがって日本の中国論はそのまま日本論であったという事情がある。またこの時期には特に、日露戦争と韓国併合によって、日本が世界の一等国であるという意識が強まっていたという要因もあった。

このため「支那保全論」も、中国人の発展を促すものから、国家形成能力のない中国人に代わって日本が中国を保全する、というものに次第に変容していった。(14) そしてそれは以後の日本の大陸進出を正当化する典型的な論理ともなった。

2 民族運動への理解と反発——大正

辛亥革命の成否予想

一九〇五年、清の打倒を目指す孫文《そんぶん》ら革命派が東京で中国同盟会を組織する。宮崎滔天《みやざきとうてん》や玄洋社《げんようしゃ》の頭山満《とうやまみつる》など、日本のアジア主義者がそれぞれの立場からこうした革命運動に共感し支援したことはよく知られる。

一九一一年一〇月の武昌《ぶしょう》での蜂起をきっかけに辛亥革命が始まり、翌一九一二年一月に中華民国臨時政府が樹立されて孫文が臨時大総統に就任した。清は袁世凱《えんせいがい》に鎮圧を命じたが戦線は膠着《こうちゃく》に陥り、イギリスの調停を経て袁と臨時政府の間で交渉が行われた。その結果、皇帝が退位し、袁世凱が孫文に代わって臨時大総統に就任する形で事態の収拾が図られた。ここに清の統治は終焉《しゅうえん》を迎えた。くしくも日本でも同じ一九一二年の七月に明治が終わり、大正時代が始まった。

隣国における共和革命の発生とその後の急展開は、日本にとっても大きな衝撃だった。革命が日本へ波及したり、在華利権に影響を及ぼしたりするのではないかという警戒、そして何よりも西洋由来の共和政体を採用した中国がこの後どうなっていくのかは、人々の大きな関心を集めた。これに対する日本の朝野の見方は分かれた。

多くの論者は中国における共和制の定着に否定的だった。たとえば革命直後、早稲田大学の大隈《おおくま》重信《しげのぶ》は次のように述べている。

共和政治を行ふなど丶言つた所で、それは空言に過ぎぬ。共和政治などは文明の程度高く国民の知識が発達して居る国でなければ到底成立しないものである。今支那で共和政治を行つたとしても、それはほんの一時の間で、直《すぐ》に専制政治になつて了《しま》ふ。或は前よりも更に甚しい専制的暴政を行《や》るかも知れないのである。だから君主制を廃して共和制にするといつても、結局実行し得ないに相違ない。(15)

君主制と共和制を「文明の程度」の問題と位置づけた上で、「支那保全論」との関連でも見たように、中国人の国家観念・国家形成能力の欠如を理由に、中国の変化、共和制の定着に否定的な見方を示す論者は多かった。

これに対し、共和制を支持する見解もいくつか存在した。革命自体を支持していた宮崎滔天の『支那革命軍談』(一九一二年)や北一輝《きたいっき》の『支那革命外史』(一九一五―一九一六年執筆、一九二一年刊行)などの他、アカデミズムの世界ではたとえば東京帝国大学の白鳥庫吉の議論が挙げられる。(16)

此度の革命は要するに新思想と旧思想の軋轢である。……一時の現象としては共和制になるか立憲制になるか或は聯邦制になるか分らぬが、兎《と》に角《かく》支那といふ国はこゝに初めて団結したる鞏固《きょうこ》なる一国となるのである。或種の中央集権を有する一国となつて、世界列強の間に立ち行くの資格を有するのである。今の紛々擾々《じょうじょう》たる有様は此状態に至らんとするのファースト、ステップである[17]〔傍点は省略〕。

白鳥は「今の政治家とか実業家とかいふものは、多く歴史を無視して、現在の事は現在の事で解し得べきものとして居る」と苦言を呈し、漢民族の長い歴史を紹介しつつ、近代に至っての西洋との接触、日本への敗戦の衝撃をその一大転換点と位置づけ、現在の中国は混乱の下にあるものの、将来的には強国になると確信をもって述べた[18]。

京都帝国大学の内藤湖南も一九一四年に刊行した『支那論』で、中華民国初期の政治的混乱を認識しつつ、全体としては共和体制の安定に向かうという見通しを示していた。

一方には人民の力が、漸々伸びる傾きになつて来て居る。其処《そこ》へ共和政治の思想が入つたのであるから、……是《これ》は大体世界の大勢であると云つても宜いから、此の間に一時の変化で独裁君主のやうなものが又起つて、或は袁世凱のやうな人が帝王の位に即くとしても、それは大勢には背いて居るので、今の所では漸々民主的勢力と云ふものが伸びて行き、……結局共和政治

のやうなものに変るより他の途があるまい。(19)

内藤は同書で、中国社会において実体を有する団体は郷党《きょうとう》・宗族《そうぞく》のみであり、その代表たる父老《ふろう》の歓心を得ずして成功はないと「支那の国民性」の特異性を述べる一方で、上古、中古の貴族政治から近世の君主独裁政治を経て共和制に、という大まかな歴史の流れにおいては、西洋や日本を含め総体として同じ方向に向かっていると見なした。

第一次世界大戦と「排日」への反発

一九一四年にヨーロッパで第一次世界大戦が始まると、日本の大隈重信内閣（加藤高明《かとうたかあき》外相）は日英同盟を根拠にドイツに宣戦し、山東半島のドイツ租借地や鉄道を占領した。そして翌一九一五年、これらドイツ山東利権の日本への譲渡、日露戦争で得た関東州（旅順・大連）や南満洲鉄道といった東三省利権の返還期限延長など、二十一か条の要求を中華民国につきつけた。華僑や中国各都市の商人団体、学生を中心に反対運動が起き、袁世凱政権も日本に抵抗したものの、最終的に日本側が一部の要求を取り下げた修正案を最後通牒《つうちょう》とともに提出し、中華民国側に受諾させた。この事件は、中国社会の対日感情を悪化させる大きなターニングポイントとなった。

第一次世界大戦中の日本では、こうした中国における突出した行動をめぐって英米と摩擦が起きたことなどから、ふたたびアジア主義が台頭していた。代表的なものに、衆議院議員小寺謙吉《こでらけんきち》の『大亜細亜主義論』（一九一六年）がある。

民族統一思想は、世界の大勢なり。曰く全米主義、曰く大英帝国主義、曰く英語国民統一主義、曰く汎露主義、曰く汎独主義、曰く汎羅甸《ラテン》主義、咸《み》な其の象徴なり。……大蒙古主義は則ち黄色人種聯合論なり。日支提挈《ていけつ》、以て夫《そ》の豊裕なる富源を闢《ひ》らき、饒多《じょうた》なる人民を導けば、支那の改造復興は期して待つべく、東亜の平和、極東の繁栄を確保増進し、列国は等しく、其の慶福を倶《とも》にするを得む。

……大亜細亜主義を以て、褊狭《へんきょう》なる人種的感情に基くものと做《な》し、之を誚《せめ》る者あり。而《しかれど》も人種的僻見《へきけん》は、欧米人の教ゆる所なり、白色人種に於て特に其の甚しきを見る。彼の黄禍論の挑発的、侮蔑的なるはその実証なり、新大陸に於ける差別的待遇の固執せらるるは其の実蹟なり。(20)

小寺はヨーロッパ人種による黄禍論に対抗するには、黄色人種の統一という大アジア主義が必要だとした。しかしそこでも日本が中国や他のアジアを指導する役割を負うことは自明の前提とされていた。(21)そのため日本留学から帰国して言論活動に従事していた李大釗《りたいしょう》は「大アジア主義と新アジア主義」(一九一九年)と題した文章で、小寺らの大アジア主義は「中国併呑主義の隠語」「大日本主義の変名」に他ならないと批判している。(22)

第一次世界大戦終結後に開かれたパリ講和会議で、中国代表団は二十一か条要求の取り消しや清末以来の不平等条約の改正を訴えた。しかしヴェルサイユ条約で、山東半島の旧ドイツ利権は、中国への最終的な返還を前提としつつ日本へ譲渡されることになった。このニュースが中国に伝わると、各地で山東利権の回収を訴える運動が高まった。北京では学生が天安門前からデモを行い、アメリカ公使館に意見書を提出した後、対日交渉に関わったため「親日派」と見なされた交通総長曹《そう》汝霖《じょりん》邸に火を放ち、偶然居合わせた駐日公使章宗祥《しょうそうしょう》に暴行を加えるという事件を起こした（この時、曹や章の援助を受けていた中江丑吉《なかえうしきち》〔一八八九―一九四二、兆民の子〕が彼らを救出している）。学生たちの行動は中国社会の支持を得、デモや集会、日本製品のボイコットや商店・労働者のストライキが展開された（五四運動）。

日本ではこれらの事件を「排日運動」と呼び、強い反発が広がった。代表的な事例として挙げられるのが内藤湖南の中国観の変化である。前述の『支那論』では中国の共和政治の安定化に一定の希望的観測を述べていた内藤だったが、一〇年後に書かれた『新支那論』（一九二四年）では、この間の中国の政治的混乱から、西洋の文化や政治体制の中国での定着に非常に否定的な評価を下している。

西洋文化は単に政治の改革許《ばか》りでなく、又文事の改革ばかりでもなく、其の社会組織の根柢《こんてい》が支那のそれとは違つて居るといふところから来て居る。従つて西洋文化に倣《なら》ふには、支那の社会組織を根柢から改革せなければならぬといふことを考へる様になつたもの丶、其等の若い人は支那の歴史を知らず、自分の国の弊害がドウいふ点から来て居るといふことも知らず、唯西洋の飜訳的政治を行はんとするのみである。(23)

内藤は以前には中国社会は西洋・日本と異なるとしつつも、総体としては同じ方向に向かうという見通しを持っていたのだが、この時期には専ら中国の特殊性が強調され、西洋・日本との共通性への言及は見られなくなる。(24)

ここで内藤が否定的に言及している、急進的な西洋化を目指す「若い人」とは、一九一〇年代後半に広まった中国の伝統文化を批判する知識人や学生の動き、いわゆる新文化運動を指す。陳独《ちんどく》秀《しゅう》、胡適《こてき》、魯迅《ろじん》や前述の李大釗がその代表である。彼らを中心とする中国の利権回収の主張に対しても、内藤の評価は非常に低いものだった。

> 勿論《もちろん》排日問題は支那国民の愛国心から発したものでもなく、公憤から起つたものでもなく、袁世凱の時の排日問題と同様に全く煽動の結果であり、之を解決するに就いても日本で支那事情に暗い人々が心配して居る様に、色々と根本から考へて見る必要もなく、ある他の事情から自然に緩和し終熄したのである……(25)

「色々と根本から考へて見る必要」があると主張する「支那事情に暗い人々」という個所は、次に見る吉野作造のような非中国専門家の議論に対する皮肉であろう。

このように、当時の日本では「排日」は専ら外国の煽動、あるいは一部の人間による政治的陰謀だという見方が支配的だった。この後、日本政府が中国政府に「排日教育」の取り締まりを求め、中国側はそれに一部対応しつつも、日本の行動が根本的な原因であると非難する事態がくりかえされるが、その背景にはこうした日本側の認識もあった。

五四運動への理解

しかし、この時期には少数ながら、異なる中国認識を表明する論者も現れていた。代表的なのは、後に大正デモクラシーの旗手と呼ばれる政治学者・ジャーナリストの吉野作造（一八七八―一九三三）である。吉野は東京帝国大学法科大学卒業後に三年間、天津で袁世凱の長男の家庭教師を務めるなどして中国と関わりを持ったが、当初の中国評価は低かった。吉野は日本の二十一か条要求についても「大体に於て最少限度の要求であり、日本の生存のためには必要欠くべからざるものであった」[26]という認識を示していた。しかし一九一五年末に袁世凱が皇帝即位を試み、それに反対する蔡鍔《さいがく》や梁啓超《りょうけいちょう》の蜂起が起きると、前述の宮崎滔天や北一輝の著書から影響を受け、吉野も中国革命に関心を寄せ、日中関係の改善を訴えるようになる。

吉野作造

日支親善の関係を恢復《かいふく》するには根本的には、両国民間の精神的関係を開拓すると云ふことが急務である。此精神的の根本関係を開拓した上で、更に差当り日支親善の関係を妨げて居る所の諸々の原因、即ち支那側に存する所の事大主義、日本側に存する所の不合理的発展政策、さう云ふものを一切取捨てゝ、さうして日支両国の本来の関係を順当に進ましむると云ふことが必要である。(27)

さらに五四運動が起こると、吉野はこれを親日派の軍閥・官僚に対する国民からの抗議と位置づけ、同じく軍閥・官僚の支配と戦っている日本の民本主義者とは互いに提携しあえると主張した。(28)

支那に於ける排日の不祥事を根絶するの策は、曹〔汝霖〕章〔宗祥〕諸君の親日派を援助して民間の不平を圧迫する事ではない。我々自ら軍閥財閥の対支政策を拘制して、日本国民の真の平和的要求を隣邦の友人に明白にする事である。

之が為に吾人は多年我が愛する日本を官僚軍閥の手より解放せんと努力して来た。北京に於ける学生団の運動は亦此点に於て全然吾人と其志向目標を同じうするものではないか。(29)

実際に吉野が東京帝国大学法科大学教授時代に新人会(一九一八―一九二九年)を組織して普選運動などを展開すると同時に、日中学生の交流活動を推進したことは知られる。

ただ日中間の最大の懸案だった東三省利権については、吉野は前述のように日本の生存に必要であるという認識も持っていたことから、立場が曖昧な部分があった。この点についてさらに急進的な立場をとったのがジャーナリストの石橋湛山《いしばしたんざん》(一八八四―一九七三)である。石橋は経済的に無益であり国防上でも不利であるとして、明確に植民地の放棄と「小日本主義」を唱えたことで知られる。

以上の諸理由に依《よ》り吾輩は、我国が大日本主義を棄つることは、何等の不利を我国に醸《かも》さない、否啻《いなただ》に不利を醸さないのみならず、却《かえ》つて大なる利益を、我れに与ふるものなるを断言する〔。〕朝鮮、台湾、樺太、満洲と云ふ如き、僅かばかりの土地を棄つることに依り拡〔広〕大なる支那の全土を我友とし、進んで東洋の全体、否、世界の小弱国全体を我道徳的支持者とすることは、如何ばかりの利益であるか計り知れない。(30)

石橋湛山

石橋は当時の世界各地における民族独立意識の高まりから、中国の利権回収の主張にも理解を示していた。(31)戦後、吉野や石橋の主張は、戦前に中国ナショナリズムの高まりを正当に認識した数少ない議論として高く評価された。しかし近年、吉野や石橋が中国の運動と日本の明治維新などを同一視したことを、「同情」ありきの議論で中国社会の「実情」の観察や分析から帰納されたものではなかったとする批判もなされている。(32)これは「支那通」などの議論が、日本の優位性の主張とセットになった中国停滞論ありきで、中国の実情を反映していなかった、という戦後の批判をそのまま裏返しにしたものとも言える。日本における中国論自体が、日本国内の課題に対する問題意識と結びつきがちなことを示す一例とも言えるだろうか。

中国研究の展開

第一次世界大戦後には、日本の在華利権が要因となって日中の対立が生じた。しかし、この後一貫して日中関係が悪化に向かったというわけではない。

一九二二年にはワシントン会議と並行して日本と中国の間で交渉がもたれ、山東の旧ドイツ利権が中国に返還された。さらに一九二四年に憲政会の加藤高明内閣が成立し、幣原喜重郎《しではらきじゅうろう》外相の下で対中不干渉、対英米協調を旨とするいわゆる幣原外交が展開されると、二十一か条要求以来の日中間の緊張は相対的に和らぐことになった。

この時期には日本の中国研究にも新たな展開が見られた。三菱合資会社の岩崎久弥《いわさきひさや》は、購入したロンドン・タイムズ北京特派員G・E・モリソンの蔵書を基礎として、一九二四年に東京に東洋文庫を設立した。和・漢・洋の膨大な蔵書を誇る研究図書館である。初代研究部長には白鳥庫吉が就任し、池内宏、加藤繁《かとうしげる》、津田左右吉、羽田亨《はねだとおる》、原田淑人《はらだよしと》が研究員となった。(33)

また、中華民国は清から引き継いだ義和団戦争の賠償金を列強に支払い続けていたが、中国ナショナリズムの高まりも受けて、列強の間にこれを中国における文化・教育事業に用いるという考えが生まれた。よく知られるのはアメリカによる中国人留学生受け入れ事業と、そのための予備校である清華学堂（現・清華大学）の設立である。日本も中華民国政府との合意を経て、一九二五年に義和団賠償金を資金とする東方文化事業総委員会を北京に設立し、日中共同の学術研究プロジェクトを立ち上げた。日本側委員として参加した人物には服部宇之吉《はっとりうのきち》（一八六七－一九三九、東京帝国大学文学部支那哲学科教授）、狩野直喜らがいた(34)。

矢野仁一

前述のように、戦前日本のアカデミズムの世界では、明以降は学問的検討の対象ではないという意識が強かったが、歴史学の手法を用いて近代中国を研究した者がいなかったわけではない。その代表が矢野仁一《やのじんいち》（一八七二－一九七〇）である。矢野は東京帝国大学文科大学史学科で西洋史を学んだ後、清の進士館教習を経て京都帝国大学文科大学の東洋史学講座に近代史担当（桑原隲蔵が古代史、内藤湖南が中世史担当）として着任した。矢野は外交史研究者として確かな基礎を持ち、またその学問的知識に基づいて同時代の中国を論じた点で、ジャーナリスト時代に培った観察眼から同時代中国を論じた内藤湖南とも異なっていた。矢野は西洋史の知識から、近代国家の理念を基準に、清末の新政を近代国家化の試みであったと見なした。そしてその失敗と清の滅亡の原因は、中国人が「現代的国家」建設のための感情的・思想的な基礎を欠いていたためだとした(35)。

今日の共和政治或は中華民国は清朝が国家組織

改変の大業に失敗して滅亡した結果、外《ほか》に仕方がなく、已《や》むを得ず五族共和と云ふ意味を附会して妥協した政治の形式或は政治の状態と云ふべきもので、固より世界帝国でもなく、又其理想もなく、さうかと言つて現代的国家と名《なづ》くべきものでもなく、又現代的国家となるべき感情的、思想的の予約或は基礎も認められない。(36)

そのため結論としては中華民国の前途について矢野も否定的な評価を下しており、その点では当時の日本の論壇の大勢と変わらなかった。ただ、矢野は学問的視点から、政治的主張や理念、イデオロギーに基づく議論には批判的であり、相対的に中国の実態把握に柔軟な面があった。これは後述する矢野の中国評価の変化につながる。(37)

この時期には、中国でもふたたび大きな政治的変動が始まっていた。孫文が一九一九年に組織した中国国民党は、一九二三年にソ連との提携を表明して、北京政府に対抗する政権を広州に組織した。国民党はロシア共産党(ボリシェヴィキ)をモデルに党組織を改組し、一九二四年には中国共産党(一九二一年に陳独秀、李大釗らが組織)党員の個人資格での入党を認めた(いわゆる国共合作)。国民党と共産党はソ連の援助と顧問団の指導を得て次第に勢力を拡大した。一九二五年には上海の労働争議をきっかけに、国民党・共産党の指導による大規模な外国製品ボイコットやストライキが展開された(五三〇運動)。孫文の死後、汪兆銘《おうちょうめい》を主席とする国民政府と、蔣介石《しょうかいせき》を総司令とする国民革命軍が組織され、一九二六年には北京政府の打倒を目指す北伐が開始された。

こうした中国の政治的変動をどのように理解すべきか。この時期の日本の中国論を代表する人物

の一人が橘　樸《たちばなしらき》（一八八一―一九四五）である。橘は一九〇六年に中国に渡り、以後長くリベラル派のジャーナリスト、在野の中国研究家として活動した。橘は内藤湖南の中国社会論に同意を示したが、この時期の中国の利権回収の主張については、吉野作造や石橋湛山のように中国ナショナリズムの表われと見なしていた。また国民革命についても、孫文の階級調和論に基づく、諸階級の統一戦線による反官僚・反軍閥の民衆運動と見なして支持した(38)。こうした主張の前提として、橘が中国特殊論・停滞論を否定し、西洋・日本・中国の差を本質的な性質の違いではなくあくまで発展段階上の前後と捉えていたことがあった(39)。

橘樸

> 支那に発生した政治現象が支那特有なものであるとは云はれない。欧羅巴《ヨーロッパ》でも少なくも十八世紀の中頃まではその本質に於て支那と全く同一な政治が行はれたのである。即ち西洋のデモクラシーも矢張り歴史進化の産物なのであり、支那の政治とても決して今日のまゝに凝固し停滞するものではなく、私共から見ると内藤氏の考へとは正反対に、支那の政治は欧羅巴のそれに比して一世紀か一世紀半程進化の度合が遅れて居る、換言すれば支那の政治は老い過ぎたと〔ど〕ころでなくして寧ろ

若過ぎるのである。(40)

橘は「支那を識るの途」(一九二四年)で「支那通」の通俗的な中国論を強く批判し、「科学的研究」の必要性を訴えたことでも知られる。この時期には「科学」という言葉はさまざまな分野で流行語となっており、そうした一種の「科学万能主義」の下、中国研究の分野でも「科学的」な研究を求める主張がこの後くりかえし唱えられていく。ただ問題は、どのようなアプローチが「科学的」なのかである。研究者たちはそれぞれの立場から「科学的」な方法を模索した。橘はこの文章では、人種学や心理学といった自然科学、諸社会科学の方法による中国研究を主張し、具体的な例として東亜同文会の『支那経済全書』、臨時台湾旧慣調査会の『清国行政法』『台湾私法』といった報告書、京都帝国大学「支那学社」の雑誌『支那学』(一九二〇―一九四七年)などを挙げている。また北京大学など中国人による文献学・政治学・社会学・経済学・心理学・土俗学研究、中華民国政府の刊行する司法関連報告などに高い評価を与えている点は橘独自の視点と言える。(41)この時期の在野の在中国研究者としては、橘の他に前述の中江丑吉や鈴江言一《すずえげんいち》(一八九四―一九四五)が知られる。

この「科学的」中国認識という問題については、次節に見る大正デモクラシーから昭和初期のマルクス主義への思想的流行の移り変わり、そして第二章以降の戦後の中国論を見る中でより詳しく検討したい。

3　中国の近代化をどう見るか――昭和初期

満洲事変の論理

一九二〇年代後半に入り、日中関係はさらに急速に変化していった。一九二七年に成立した立憲政友会の田中義一《たなかぎいち》内閣（田中が外相兼任）は、それまでの対中宥和外交から対中強硬路線に転じた。国民革命軍の北伐が進むと、日本は東三省利権に影響が及ぶことへの懸念から、一九二八年に山東出兵を実施した。その結果、日本軍と国民革命軍との間で軍事衝突が起こり、多数の死傷者が出たため（済南《さいなん》事件）、中国各地で激しい反日運動が巻き起こった。この事件は二十一か条要求に続く日中関係悪化の第二のターニングポイントとなった。日本でも社会民衆党の宮崎龍介《みやざきりゅうすけ》（滔天の子）、労働農民党と全日本無産者芸術団体協議会、日本労農党などの無産政党や民衆団体に、反帝国主義という視点から山東出兵への反対、対支非干渉を唱えたものがあった。しかしそれぞれの政治的立場の違いなどから、共同行動をとって広範な影響力を持つにはいたらなかった。(42)

前述の東方文化事業も、済南事件への抗議として中国側委員が全員辞任したことで、日中の共同研究ではなく、日本における中国研究機関の設置へと方向を転換せざるを得なくなった。この結果、一九二九年に設置されたのが東方文化学院（院長は服部宇之吉）である。(43) なお東京と京都に置かれた研究所（双方で所誌『東方学報』を発行）は、その後改組を経て、それぞれ戦後に東京大学東洋文化研究所、京都大学人文科学研究所に統合されている。

国民革命軍は済南を迂回して北京・天津を占領し、北伐の完了を宣言した。この時、北京から本拠地の奉天に撤退する張作霖《ちょうさくりん》の列車を日本の関東軍が爆破して殺害する事件が起きている。張作霖の後を継いだ息子の張学良《ちょうがくりょう》は関東軍の干渉を退けて国民政府に合流した。

こうして日中間に緊張の高まる中で起きたのが満洲事変である。一九三一年、石原莞爾《いしわらかんじ》らの計画に基づいて関東軍が奉天郊外の柳条湖で南満洲鉄道の線路を爆破し、それを中国側の攻撃と主張して独断で軍事行動を起こした。国民政府は日本との全面戦争を避けようと不抵抗方針をとったため、日本軍は短期間で東三省のほぼ全域を占領した。一九三二年、関東軍は清の最後の皇帝であった溥《ふ》儀《ぎ》を執政として擁立し、満洲国の建国を宣言させた（一九三四年に溥儀が皇帝に即位し、国名も満洲帝国に変更）。

日本は満洲事変は「排日」に対する自衛、ついで「満蒙」の自発的な独立運動の結果だと主張した。こうした主張の前提にあったのが、「満洲は中国ではない」という議論である。たとえば矢野仁一は、前述のように近代国家の理念を基準とし、またその中露関係史・中蒙関係史研究を元に、以前から「支那無国境論」（一九二一年）、「満蒙蔵は支那本来の領土に非《あらざ》る論」（一九二二年）、「支那は国に非る論」（一九二二年）といった時論を発表していた[44]。

蒙古のみならず、満洲でも、回部でも、西蔵でも、実は支那の領土となつたのではなく、支那とは清朝を通じて、君位合一の関係にあつたに過ぎないに拘《かかわ》らず、支那の移民商人は入込み、支那の文化が這入《はい》り、恰《あた》かも支那の領土である如く考へて怪まない程になつた。清朝の政治ではあるが、実際に於ては、支那の支配と言つてもよい様になつた。
……此等の地方は、前にも述べた様に、実は支那との関係は清朝を介しての間接な関係で、支那の文化、支那の経済力が及んだのも、清朝の政治が此等の地方に及んだ為めであるから、清朝が既に滅んで仕舞つては、清朝時代程の支那の実力を維持することが出来るかと云ふことさへ疑問である。実際に支那人が移住し、支那人の農地となり、支那人の町となつた地方は兎も角、外蒙古などは猶更さうである。(45)

この主張には、それ自体としては現在の歴史学から見て妥当性を持つ内容も含まれる。ただ、これらの地域が「支那」（＝漢人）の土地であるかどうかと、そこに他国が介入するのが妥当かどうかはまた別の問題であろう。こうした論理の下に、旧清領の漢人と非漢人居住地域の摩擦にしばしば日本やイギリス、ロシア（ソ連）が介入したことは、漢人ナショナリズムの強い反発を招くとともに、現在に至るまで中国の「少数民族」問題を政治的に非常に敏感なものとする一因となっている。

しかし当時の日本においては、前述の石橋湛山や宮崎龍介といった少数の例外を除き、満洲事変を支持する声が圧倒的だった。象徴的な事例として知られるのは橘樸の「方向転換」である。橘は一九二五年から満鉄の嘱託となっていたが、一九二七年の蔣介石によるクーデターと共産党弾圧、その後の国民政府による中国統一を、資産階級覇権、軍事独裁権力の成立と見なした。(46) そして石原莞爾らの主張に賛同し、自由主義と資本家民主主義への決別を宣言、資本主義の否定と農民民主主義という自らの理想を満洲国で実現しようとするに至った(47)。しかし「中国人の国家形成能力の欠如」という認識が支配的な中、橘の主張が現実に日本の大陸政策に取り入れられる余地はなかった(48)。

マルクス主義のアジア認識

大正から昭和にかけての日本の知識界の最大の変化はマルクス主義の流行である。歴史学との関係で言えば、野坂参三《のさかさんぞう》らの産業労働調査所（一九二四年成立）による『社会問題講座』の一冊に所収された野呂栄太郎《のろえいたろう》『日本資本主義発達史』（一九二七年）や、服部之総《はっとりしそう》『明治維新史』（一九二九年）がマルクス主義に基づく初期の代表的な歴史研究とされる。この産業労働調査所と、三木清《みききよし》や羽仁五郎《はにごろう》の新興科学社（一九二八年成立）、プロレタリア演劇運動の秋田雨雀《あきたうじゃく》が設立した国際文化研究所（一九二八年成立）が一九二九年に合流し、経済学以外の領域ではいまだマルクス主義の影響が不十分であるとして「同じ方向に進む科学者間の連絡、統一、協力による相互発展」を掲げる「プロレタリア科学研究所」が設立された。同研究所には数多くの分科会が設けられたが、そのうち「日本資本主義研究会」は、後述の日本資本主義論争の中心となった。また「支那問題研究会」が設けられ、プロレタリア科学研究所機関誌『プロレタリア科学』などで同時代の中国革命や満洲問題に関する議論を紹介した。

一九三二年には「プロレタリア歴史学の開拓、マルクス主義歴史学の建設」を掲げた服部之総らの雑誌『歴史科学』（―一九三六年）、戸坂潤《とさかじゅん》らの唯物論研究会の機関誌『唯物論研究』（―一九三八年）が創刊された。同じ年に「歴史学研究会」（前身は東京帝国大学文学部の若手研究者団体だった庚《こう》午会《ご》）も成立し、翌一九三三年から会誌『歴史学研究』を発行した。

中国認識との関係で、この時期にマルクス主義者の間で起きた二つの論争を紹介しておきたい。一つは、アジア的生産様式論争である。これはもともと一九二〇年代末にソ連で始まったもので、マルクスの『経済学批判』（一八五九年）が生産様式の発展段階として「アジア的」というカテゴリーを「古典古代的」「封建的」「近代ブルジョア的」の前に設けていたが、これをどう理解するかが争点となった。具体的には、ソ連の東洋学者マジャールがアジアにヨーロッパとは異質な社会構成が存在すると主張したのに対し、「アジア的生産様式」は封建制の一種にすぎず、アジアもヨーロッパと同じ発展段階をたどっているという立場から批判が起きたのである。前者のアジア特殊論をさらに展開し、日本の中国研究にも影響を及ぼしたのがドイツのカール・ウィットフォーゲル（Karl August Wittfogel、一八九六－一九八八）のアジア停滞論・アジア的専制主義論である。これに対し、現実に革命運動を展開していたコミンテルンや中国共産党は、一九二八年の中国共産党第六次全国代表大会以降、中国社会はアジア的生産様式ではなく「半封建制」であると規定した。日本でもたとえば羽仁五郎が「東洋に於ける資本主義の形成」（一九三二年）を著し、あくまで「世界史的法則」に基づいてアジアの現状を把握しようとしたが、これも同様の認識に基づく。

〔ヨーロッパ帝国主義の下で〕わが印度及び支那そして日本、そのあらゆる東洋的深秘も、いまや資本主義的世界経済の世界史的法則に従ふよりほかの歴史的運命をばもち得なかつたのである。

いはゆる印度の植民地化、支那の半植民地化、日本の開港及び明治維新、それらはかかる世界史的法則の東洋史的表現にほかならぬ(49)。

ただし羽仁や服部之総も、インド・中国と日本の近代化・資本主義発展の程度の違いを説明しようとすると、日本に封建制下のブルジョア的発展の萌芽があったのに対しインド・中国にはなかった、といった論理に帰着せざるを得なかった(50)。

もう一つは日本資本主義論争である。もともと日本共産党（一九二二年成立）は日本社会の半封建性を強調し、まずブルジョア革命を達成し、その後に社会主義革命に進むという二段階革命論に立っていた。コミンテルンも天皇制の絶対主義的性格を強調し、同様の認識を示していた。これに対し雑誌『労農』（一九二七―一九三二年）に拠ったマルクス主義者たち（労農派）は、明治維新をブルジョア革命と捉え、天皇制は封建遺制に過ぎないとして、即時の社会主義革命を主張した。野呂栄太郎、大塚金之助《おおつかきんのすけ》、平野義太郎《ひらのよしたろう》、山田盛太郎《やまだもりたろう》、羽仁五郎らは『日本資本主義発達史講座』（一九三二―一九三三年）を刊行し、労農派を批判した（講座派）。同じ時期には中国でも共産党内外の知識人の間で中国社会の発展段階上の位置づけをめぐる中国社会史論戦（一九二八―一九三七年）が展開されていたが、そこにはこうした日本における論争も影響を及ぼしていた。

これらの議論の中でも「科学的」研究が非常に強調されたこと、そしてここでは「科学的」というのが専らマルクス主義を指していたことは確認しておきたい。「史的唯物論のみが、科学的に支那を研究する唯一の方法である(51)」という平野義太郎の言葉はこれを端的に示している。現在からは想像しにくいが、当時、社会分析の方法としてのマルクス主義に対する評価は絶大なものがあった。そしてマルクス主義という「科学」を基準に現在の歴史的位置づけを知ることは、次なる革命がいかなる性質のものかという政治的実践の問題に直接結びついていた。

ただ、アジア的生産様式が歴史的発展の非常に低い段階と位置づけられていたことからもうかがえるように、当時のマルクス主義に基づく議論は（西洋・日本・東洋がいずれも同じ発展段階をたどるとした場合にも）アジアの後進性を大前提とするものだった。また講座派も日本の資本主義発達の不十分さ、半封建性を強調する立場にあり、そこからすれば日本よりさらに「遅れた」中国の近代化を評価する視点は生まれにくかった。中国革命における中国共産党の役割を専ら重視したことが、国民党政権や中華民国全体に対する把握を弱めることになった、という戦後の批判もある。(52)

この後、日本政府の社会主義に対する弾圧は次第に強まっていく。一九三二年にはプロレタリア科学研究所所員の半数が検挙され、機関誌『プロレタリア科学』も一九三四年に停刊した。一九三六年にはコム・アカデミー事件で平野、山田ら講座派の研究者が検挙され、ついで一九三七年・一九三八年の人民戦線事件で労農派の研究者も検挙されたため、日本資本主義論争も収束していった。(53)ただ、平野義太郎、中西功《なかにしつとむ》、尾崎庄太郎《おざきしょうたろう》などはその後大陸に渡り、満鉄の嘱託などの身分で研究を続けることになる（後述）。

竹内好と中国文学研究会

この時期には第一次世界大戦後に始まる大学入学者数の増加にともなって、中国研究に携わる学生を中心とした研究会や学会誌の設立も相次いでいた。「東京帝大支那哲文学生会」と会誌『支那哲文雑誌』（一九二八－一九三二年）および後継に当たる「漢学会」・『漢学会雑誌』（一九三三－一九四四年）、京都帝国大学で一九三五年に創設された「東洋史研究会」と会誌『東洋史研究』などである。(54)

中でも文学を通じた中国との関わりという点で特異な存在だったのが「中国文学研究会」である。この団体は、東京帝国大学文学部支那文学科卒業の竹内好《たけうちよしみ》（一九一〇－一九七七）、岡崎俊夫《おかざきとしお》（一九〇九－一九五九）、武田泰淳《たけだたいじゅん》（一九一二－一九七六）らが一九三四年に組織したもので、会員には増《ます》田《だ》渉《わたる》、松枝茂夫《まつえだしげお》、実藤恵秀《さねとうけいしゅう》、千田九一《ちだくいち》、飯塚朗《いいづかあきら》、小野忍《おのしのぶ》、斎藤秋男《さいとうあきお》らがいた。同会は会誌『中国文学月報』（後、『中国文学』と改題。一九三五－一九四三年）を発行して、同時代の中国文学を積極的に日本に紹介し、また周作人《しゅうさくじん》、郭沫若《かくまつじゃく》、郁達夫《いくたつふ》ら、来日した中国の著名作家や、中国人留学生とも交流を持った。(55) 会名に「支那」ではなく敢えて「中国」という語を使ったことからも、中国人への共感に基づく、当時において稀有な団体であったと評される（日本の外務省は、それまで使用してきた「支那共和国」という呼称を一九三〇年に「中華民国」に変更していたが、一般社会ではその後も「支那」が使われ続けていた）。また、中国共産党の秘密党員だったとされる郭沫若などと交流を持ちつつも、前述のような日本の左翼運動とは一定の距離をとっていた。

竹内は既存の「漢学」「支那学」を強く批判したが、特に問題としたのは、対象である中国に対する日本の研究者の態度である。

広く方法の問題といふとき、立場の反省を含めて解することが許されると思ひます。私の在り方や、私と私の周囲との関係に対する私自身の反省といふ意味を除いて、私は方法の問題を考へ得ない。……この私にとつて、中国文学の研究が一片の生の欲求であり得るとき、若《も》くはありたいと願ふとき、いかに貧しくとも、私は私自身から出立するより仕方がないやうに思ひます。……

対象が問はれ、対象を対象づける方法（立場）が省《かえりみ》られない、ものの生きた全体性の代りに、ものに関する概念が、認識主体を離れて素朴に実在すると観念される、かうした低調な学風が、漢学（或は支那学）の根柢に横《よこた》はる文献考証的な態度に由来することは明かでありませう(56)〔傍点は原文〕。

竹内は後に東方文化研究所（東方文化学院京都研究所より改組）・京都帝国大学文学部の吉川幸次《よしかわこうじ》郎《ろう》（一九〇四―一九八〇）の翻訳を批判した中でも「こゝで、態度がはつきり分れるのではないかと思ふ。主体的に把《と》へるか、傍観者に立つかである。……僕にとつて、支那文学を在らしめるものは、僕自身であるし、吉川氏にとつては、支那文学に無限に近づくことが学問の態度なのである(57)」とくりかえしている。吉川が長袍《ちょうほう》を着、漢文を訓読でなく中国音で読み、中国人に近づくことで中国を理解しようとしたことは有名だが、その吉川と竹内の態度は対照的である。このように、中国を外在的な対象としてではなく、認識主体との関係において捉えようとする竹内の態度は、戦前・戦後を通じて一貫している。ただこの主体性の重視は、中国人が「支那」という言葉を嫌うことを熟知した上で、竹内が自己の「直覚」や「心情」に基づいて「支那」という言葉への愛着を表明するような倒錯した事態も招いていた。(58) この問題についても後にふたたび検討したい。

「再認識論」と「統一化論争」

蔣介石の国民政府は満洲事変という痛手を被りつつも、関税自主権を回復し、一九三五年には英米の援助を得て統一貨幣と管理通貨制度を導入して（幣制改革）、国民経済の統一と工業化の推進を図った。また地方軍事指導者たちとの内戦を乗り越え、江西省の共産党根拠地を包囲・陥落させるなど、軍事的にも国家の統合を進展させた。

これに対し日本は同じ一九三五年、満洲国に隣接する河北省から国民党軍を排除し、冀東《きとう》防共自治委員会（後、政府と改称）を組織するなど、華北分離工作を推し進めたため、中国では学生などを中心とする激しい反対運動が起きた。同年にはコミンテルンの指導の下、モスクワの中国共産党代表団が国民党も含む抗日民族統一戦線の結成を訴える八一宣言を発しており、日本の華北分離工作はこうした中国における運動をいっそう煽ることになった。

日本の対中政策の根本には、前述した「中国人の国家形成能力の欠如」という認識があった。しかしこの時期には、これとは異なる「支那再認識」の主張が一部で見られるようになる。たとえば一九三五年から翌年にかけて駐華大使を務めた有吉明《ありよしあきら》は、帰国後に在任中の感想として「右の如くして国民党は近時政権を拡張し統一的気分に向ひ、嘗《かつ》てなき勢力となつて居る。それは蔣介石が日本の侵略に対する国民一致の必要を強調せる事や交通通信の発達によるものであらう。……右の如き支那の統一に対しては、我国には反対論もあるが、右の機運は之を認めざるを得ず、それにさからふが如き形勢をとつて、支那の国民感情を害するが如き事なき様にと考へるものである」[59]と述べ、蔣介石・国民政府による国家統一の成果を認め、むしろこれを援助することで関係改善を図るという日本の対中外交の転換を求めた。

一九三六年末、西北の陝西省《せんせい》に逃れた共産党軍を包囲していた張学良が、共産党側の働きかけで統一戦線に賛同するようになり、督戦に訪れた蔣介石を監禁して内戦の停止と一致抗日を迫る事件が起きる（西安事件）。この事件にいち早く反応し、ジャーナリストとして名声を博したのが東京朝日新聞社の尾崎秀実《おざきほつみ》（一九〇一―一九四四）である。尾崎は『中央公論』誌上で、国民政府の国家統一の成果、中国におけるナショナリズムの高まりへの評価から、西安事件によって中国がふたたび分裂に陥るという巷間の予測を次のように否定した。

尾崎秀実

> 蔣介石個人の力量を重要なる主柱として存立してゐる南京政権ではあるが、今突如として蔣介石を失ふことによつて直《ただ》ちに南京政府の瓦壊を来すとは全然考へられない。
>
> ……南京政府が多年一枚看板として来た統一国家建設のスローガンは、列強の圧迫下に最近いちじるしく濃度を加へ来《きた》つた国家意識、民族意識の

昂揚と相まつて民衆の間に南京のこの政策に対する支持をかなり多く繋ぎ得てゐるのである。[60]

同様の視点を示したのは東京帝国大学経済学部教授で、植民地研究でも知られる矢内原忠雄（一八九三―一九六一）である。矢内原は『中央公論』の翌号に論説を掲載し、より強く、統一に向かう中国への介入は負の結果をもたらすと警告した。

西安事件の劇的効果として鮮《あざやか》に浮び出た情勢は、南京政府を中心としたる支那民族国家的統一の促進と抗日態度の強化とである。……

支那問題の所在は以上の如くであり、その中心点は民族国家としての統一建設途上に邁進するものとしての支那を認識することにある。……此の認識に基きて支那の民族国家的統一を是認し之を援助する政策のみが、支那を助け、日本を助け、東洋の平和を助くるものである。この科学的認識に背反したる独断的政策を強行する時、その災禍は遠く後代に及び、支那を苦め、日本の国民を苦め、東洋の平和を苦めるであらう。[61]

同じく「科学的認識」を標榜しつつ、マルクス主義ではなくリベラルな方向性を持つ矢内原が、中国の統一化を近代的資本主義の発展として理解していたのに対し、満鉄調査部の大上末広《おおがみすえひろ》（一九四二年に満鉄調査部事件で検挙され、一九四四年獄死）は、中国社会の半植民地・半封建性を理由に、統一化や資本主義発展の可能性を否定する立場を取った。[62] また満鉄の嘱託だった玉木英夫（尾崎庄太郎の筆名）や大村達夫（中西功の筆名）は左派の立場から、中国社会の半植民地・半封建性という現状認識は共有しつつも、民族資本の発展に一定の評価を与えるとともに、満洲事変後、農民・労働者と民族的危機感が原動力となって、統一化と国共による「救国民族統一戦線」の進展を促したとした(63)。

西安事件は、蔣介石が内戦の停止という要求を受け入れて劇的な生還を果たしたことで、その権威を大いに高める結果に終わった。日本側でも一九三七年二月に新たに成立した林銑十郎《はやしせんじゅうろう》内閣の外相に就任した佐藤尚武《さとうなおたけ》が「支那再認識」論を背景に一定の対中宥和策を打ち出した。しかし林内閣はわずか四か月で倒れ、具体的な成果を挙げることはできなかった(64)。そして続く近衛文麿《このえふみまろ》（篤麿の子）内閣の時に起きた盧溝橋事件により、日中は全面戦争へと突入していく。なおよく知られるように、矢内原は盧溝橋事件を批判した論文を書いて全文削除処分を受け、自身も東京帝国大学教授の職を辞している。

4 「東亜」は一つか——日中戦争期

東亜協同体論

一九三七年七月、北平（北京）郊外の盧溝橋で起きた日中の軍事衝突をきっかけに、日本軍は北平・天津への全面攻撃を開始した。日本軍は上海にも上陸し、双方宣戦布告のないまま全面戦争が始まった。日本軍は国民政府の首都である南京を陥落させ（この時に起きたのが南京事件）、一九三八年までに沿海・沿江の主要都市と鉄道をことごとく占領した。しかし国民政府は重慶に遷都して抗戦を続け、戦線は膠着した。

近衛内閣は当初盧溝橋事件は国民政府の「排日抗日」に対する「真ニ已《や》ムヲ得サル自衛行動」であり、「支那軍ノ暴戻《ぼうれい》ヲ膺懲《ようちょう》シ」、「支那ニ於ケル排外抗日運動ヲ根絶シ」、「日満支三国間ノ融和提携ノ実ヲ挙ケントスル」ものであるとする声明を発した(65)。

また一九三八年一月に「爾後《じご》国民政府ヲ対手《あいて》トセス、帝国ト真ニ提携スルニ足ル新興支那政権ノ成立発展ヲ期待」するとする第一次近衛声明を発した後、同年一一月には「帝国ノ冀求《ききゅう》スル所ハ、東亜永遠ノ安定ヲ確保スヘキ新秩序ノ建設ニ在リ」「固《もと》ヨリ国民政府ト雖《いえど》モ……新秩序ノ建設ニ来リ参スルニ於テハ敢テ之ヲ拒否スルモノニアラス」とする第二次近衛声明（東亜新秩序声明）を発した(66)。このため日本は、現実には中国（重慶国民政府）との戦争を継続しながら、「東亜」の融和を掲げるという状態に置かれた。

この矛盾を整合し、「事変」の解決に資するために、「東亜協同体」という新しい概念を提起したのが東京帝国大学法学部の蠟山政道（一八九五―一九八〇）だった。蠟山は近衛文麿が組織したブレーン集団「昭和研究会」（一九三三―一九四〇年）の中心メンバーだった。蠟山は「東亜」「東洋」は「地域的運命協同体」であり、したがってその「地域的協同経済」の開発は西洋の帝国主義とは全く異なるものだとした。そしてその根拠を「地域的運命の意識」という精神的要素に求めた。

東洋が地域的協同体となる動因は、先《ま》づ、その精神と心意にある。その民族の地域的運命

(Raumsschicksal) の意識から発生するのである。民族の存在を支配する運命が特定地域と結合してゐるといふ意識から生れて来なければならない。東洋民族の生存と復興と向上とがその特定地域における平和と建設とに懸《かか》つてゐるといふ生活本能の感知する運命意識から生成して来るのである。(67)

蠟山は西洋中心主義的な普遍主義を否定し、さらに近代国家の主権概念や民族自決主義をも乗り越えるものとして「地域主義」を提示した。また蠟山は「民族」をあくまで文化的概念として捉え、国民党の「民族主義」を「一民族一国家」という一九世紀的政治概念に基づくものと批判した。同じく昭和研究会のメンバーとなっていた三木清(一八九七―一九四五)の議論の特徴は、この東亜協同体の根拠を、「民族」を超えた「東亜文化」「東洋文化」の存在に求めた点にあった。

事変の発展は日本主義が単なる民族主義に止まることを許さなくなつた。今日要求されてゐるのは日支両民族を結ぶ思想である。事変の発展は支那における民族主義の強化を促し、三民主義といつても特にその民族主義の要素が前面へ押し出されることになつたのであつて、必要なのはこの民族主義を超克し得るやうな思想であり、いはゆる東亜協同体の理念もかやうなものとして考へられる。(68)

東亜協同体は民族を超えた全体としてその結合の基礎は血といふが如き非合理的なものでな

くて東洋文化の伝統といふが如きものでなければならぬであらう。(69)

三木は中国における民族主義の高まりを認識しつつ、その上で諸民族の文化を包含した協同体によって、西洋近代の抽象的な世界主義、自由主義的個人主義を乗り越えることを主張した。

これに対し、近衛内閣の嘱託となった尾崎秀実は、東亜協同体論の実現には中国の民族問題に対するより深い理解が不可欠だと主張した。

低い経済力と、不完全な政治体制と、劣弱な軍隊とを持つ支那が、とにもかくにも今日迄頑張り続けてゐる謎は実にこの民族の問題にあるのである。これは単に国家的規模に就いてのみではない。問題のゲリラ戦の戦士は勿論、一切の政治的勢力と不協同の態度を以て、たゞ大地のみを相手にしてゐるかの如き農夫や、街頭のルンペン少年にいたるまでそれぐの形をもって貫いてゐる問題なのである。

そして日本が東亜協同体の理念を掲げつつ、現実には中国に対して帝国主義的政策を続けていると指摘し、日本の対中政策転換を訴えた。

日本の外交は一方に於いて、東亜大陸を依然としてその帝国主義的進出の対象と見つゝある列強から「東亜協同体」を防衛する任務に直面してゐる。……しかも日本自身、内部には欧米列強と少くとも客観的には選ぶなき主張と要求とを残存せしめてゐるといふ頗る困難なる立場なのである。こゝには確かに真に「東亜における新秩序」の観点からして清算さるべき夾雑物を多く包含してゐると感ぜられるのである。(70)

このように東亜協同体論は日本の大陸進出を正当化する根拠を提出すると同時に、中国の民族主義に一定の評価を与え、また欧米ひいては日本の帝国主義への批判的視点という要素をも内包していた。(71)

文脈はやや異なるが、全く同時期に中国の民族意識に対する評価を大きく変えた人物に矢野仁一がいる。前述のように矢野は戦前は中国の国家統一の可能性に否定的だった。しかし日中戦争緒戦における中国の激しい抵抗を見て、その立場を大きく転じるに至った。

支那の戦争の歴史において、今度の戦争の如く支那人が一致団結して勇敢に戦つたことは曽《かつ》てなかつたやうに考へられる。……外国外民族と戦つた戦争において、今度の戦争の如く頑強に強烈な戦闘精神を持続し、しかも戦線の統一を維持して戦つたことは、他に余り例はない。……今度の戦闘においては、支那の兵隊は、督戦部隊の脅迫監視や、軍指揮官の威嚇鼓励などがあるにしても、その頑強な抵抗をなし、執拗なる反撃、死にもの狂ひの強襲を繰り返し、手榴弾を握つたまゝ前線において戦死するものも少なくないといふことで、これは単に職業と心得て戦つてゐるものとのみは到底考へられない。(72)

ここから矢野は「事変」の終結には中国人に「侮日抗日の思想を一擲して親日友日の思想を心の真底から抱かしむること」が必要だとしつつその困難を予想した。

実際に、以後も戦争は解決の見込みが立たず拡大する一方だった。昭和研究会は一九四〇年末に解散され、尾崎は翌一九四一年にゾルゲ事件への関与により検挙されて一九四四年に死刑となった。三木も戦争末期の一九四五年に共産主義者を庇護したとして治安維持法で検挙され、そのまま獄死している。

なお、同様に東亜新秩序声明への反応として挙げられる運動に、既に予備役に編入されていた石原莞爾の指導の下、一九三九年に結成された「東亜連盟協会」がある。同会は「東亜連盟主義に基づく文化運動の展開」「東亜諸民族の協和による新秩序建設」を掲げ、連盟各国の国防・経済の一体化、欧米帝国主義の排除をうたう一方、日本の過去のアジア侵略についても反省の意を示し、中国のナショナリズムを一定程度評価して、その主権と政治的独立を尊重する必要性を主張した。東亜新秩序声明に応じて重慶を脱出した汪兆銘は、一九四〇年に南京に対日協力政権を組織していたが、彼らがこの運動を支持したことが知られる。しかし民族・国家としての平等をうたったがゆえに石原らの主張は日本政府の容れるところとならず、一九四一年に閣議決定で「皇国の国家主権を晦冥《かいめい》ならしむる虞《おそれ》あるが如き国家連合理論」として取り締まりの対象にされた(73)。

そして、こうした中国への一定の再評価、「東亜」の理論的基礎づけを試みた議論に代わって提唱され始めたのが、資源確保・戦争遂行という目的をより前面に打ち出した「大東亜共栄圏」の構想だった。

「大東亜戦争」への態度

ところで、東亜協同体論や東亜連盟論が精神や文化における「東亜」「東洋」の一体性を強調したのに対し、それを全く否定する立場もあった。最もよく知られるのが白鳥庫吉の弟子だった津田左右吉（一八七三―一九六一）である。津田は『支那思想と日本』（一九三八年）で、文化とはそれぞれの民族の「生活」に基づくものであるため、日本に対する中国文化の歴史的影響は表面的なものので、両者（およびインド）に共通する「東洋文化」なるものは存在しないとし、日本のみが生活の「現代化」によって「現代文化、世界文化、即ちいはゆる西洋文化」と一体化したとした。

津田左右吉

東洋といふ称呼のあてはめられる地域をどれだけのものとするにせよ、文化的意義に於いてはそれが一つの世界として昔から成立つてゐたことが無く、東洋史といふ一つの歴史も存在せず、従つて東洋文化といふ一つの文化があるといふことは、本来、考へられないことである……今日に於いては現代文化、世界文化、即ちいはゆる西洋文化、は日本の文化に対立するものではなく、それに内在するものであり日本の文化そのものであることに、疑は無い。……

ところがこの点に於いて今日の日本の民族生活は支那のと甚しき懸隔がある……日本が現代化したに反し、現代文化の世界から取残されてゐるのが支那である、といつても甚しき過言ではないほどである。(74)

津田の議論は、日本の西洋近代化を肯定し、停滞した中国との違いを強調する典型的な脱亜論の性格を持つ。そのため、戦後になると津田は中国ナショナリズムの高まりを認識しなかった代表的な研究者として批判された。しかしその津田の脱亜論が、日中戦争を正当化しようとするアジア主義に対する批判となるという皮肉な構図がここにはあった。(75) なお津田はこの後、実証史学の視点から記紀神話を否定したことで一九四〇年に起訴され、早稲田大学教授の職を追われている。

一九四一年一二月、日本が英米に宣戦布告する。大本営政府連絡会議は盧溝橋事件以来の「支那事変」も含めてこの戦争を「大東亜戦争」と呼ぶことを決定した。翌一九四二年一月、東条英機《とうじょうひでき》首相が「大東亜共栄圏」の建設に関する演説を行う。一九四三年一一月には東京で「大東亜会議」が開催され、日本・タイ・フィリピン・ビルマ・自由インド仮政府と汪兆銘政権の代表が参加して「大東亜協同宣言」を採択した。

竹内好が日本の対英米宣戦を強く支持したことはよく知られる。

歴史は作られた。世界は一夜にして変貌した。われらは目のあたりそれを見た。……率直に云へば、われらは支那事変に対して、にはかに同じがたい感情があつた。疑惑がわれらを苦しめた。われらは支那を愛し、支那を愛することによつて逆にわれら自身の生命を支へてきたのである。支那は成長してゆき、われらもまた成長した。その成長は、たしかに信ずることが出来た。支那事変が起るに及んで、この確信は崩れ、無残に引き裂かれた。

……わが日本は、東亜建設の美名に隠れて弱いものいぢめをするのではないかと今の今まで疑つてきたのである。

……東亜に新しい秩序を布くといひ、民族を解放するといふことの真意義は、骨身に徹して今やわれらの決意である。(76)

つまり、英米への開戦によって東亜新秩序が名目にとどまらず本当に実現されることに期待をかけたのである。しかしその期待はほどなく裏切られた。一九四二年一一月に第一回大東亜文学者大会が開かれた際、竹内らの中国文学研究会は援助を要請されたがこれを断っている。竹内は一九四三年に召集され、中国で敗戦を迎えた。

満鉄調査部と平野・戒能論争

後藤新平は台湾総督府民政長官時代に「臨時台湾旧慣調査」(一九〇〇―一九二二年)を実施していた。その後藤は満鉄初代総裁になると、一九〇七年に調査部を設立した(一九〇七―一九一五年、満洲旧慣調査を実施)。調査部はその後、調査課・経済調査会・産業部と改組を経、機関誌『調査時報』(後、『満鉄調査月報』と改題。一九一九―一九四四年)などを刊行。一九三八年にふたたび調査部の名称に戻った後、翌一九三九年に東亜経済調査局、北満経済調査所、北支経済調査所、上海事務所調査課など社内の諸機関を統合して規模を拡充。政府企画院直属の東亜研究所や、中国占領地の行政機関である興亜院(ともに一九三八年成立)との連携の下、支那抗戦力調査(一九三九―一九四〇年)、日満支ブロック・インフレーション調査(一九四〇―一九四一年)、日満支戦時経済調査(一九四一―一九四二年)、華北農村慣行調査(一九三九―一九四四年)などの大規模調査を実施した。華北農村慣行調査に関わったのは東亜研究所の山田三良《やまださぶろう》、末弘厳太郎《すえひろいずたろう》、田中耕太郎《たなかこうたろう》、我妻栄《わがつまさかえ》、那須皓《なすしろし》、和田清、石田文次郎《いしだぶんじろう》、根岸佶《ねぎしただし》、仁井田陞《にいだのぼる》、福島正夫《ふくしままさお》、大上末広、伊藤斌《いとうさかん》、土井章《どいあきら》、戒能通孝《かいのうみちたか》、平野義太郎、北支経済調査所の押川一郎《おしかわいちろう》、伊藤武雄《いとうたけお》、旗田巍《はただたかし》、満鉄嘱託の天海謙三郎《あまがいけんさぶろう》、内田智雄《うちだともお》らだった。

前述のように一九三〇年代には社会分析の方法としてマルクス主義が大きな力を持ったが、これは満鉄の調査機関でも同様だった。さらに調査部の急速な拡大に際して、日本国内で活動できなくなったマルクス主義者たちが社員や嘱託として満鉄に就職していた。代表的な人物としては初期の伊藤武雄や石浜知行《いしはまともゆき》の他、大上末広、中西功、鈴木小兵衛《すずきしょうべえ》、鈴江言一、尾崎庄太郎、堀江邑一《ほりえむらいち》らが挙げられる。

しかし、一九四二年・一九四三年の二度にわたり、調査部員多数が関東憲兵隊によって満洲国治安維持法違反の嫌疑で逮捕される事件が起き(満鉄調査部事件)、調査部自体も調査局に格下げ、規模縮小された。以後、戦局悪化の影響もあり、満鉄調査機関の活動は低調になって一九四五年の敗戦を迎えた(77)。

満鉄調査部の調査事業については、純学問的性格のものだったかそれとも「国策」に奉仕する政治的なものだったか、後者の場合それがどの程度政策に反映されたのか、といった点で議論がある(後述)。また調査の水準自体についても、非常に高く評価する立場がある一方、実証的な検討からその調査能力や影響力を疑問視する研究もある(78)。

平野義太郎

本書のテーマとの関係で特に取り上げておきたいのは、華北農村慣行調査の中で起きた中国社会の性質をめぐる論争である。調査の結果を受けて、平野義太郎(一八九七―一九八〇)は、農村に存在する「会」が、廟を中心に発展してきた自然村落の自治機関であるとし、中国農村の共同体的性格を強調した。平野は、アジア的生産様式論がコミンテルンなどにより否定された後も、アジアの特殊性を強調するウィットフォーゲルの議論を極めて高く評価していた。平野が特に重視したのは、家族主義的・共同体的な農村郷土社会という点における日本と中国の共通性、欧米の個人主義との異質性である。これはアジアの一体化と欧米への対抗というアジア主義(当時の文脈では大東亜共栄圏)の発想を学問的に基礎づけようとするものだった。「大アジア主義の政治的・経済的・文化的発展のためには、それらが東洋に共通する客観的な社会基盤の上に構築されねばならないが、この東洋社会の基底となつてゐるものは、郷土共同体である。大アジア主義も亦《また》東洋民族のこの郷土観念の拡充に外《ほか》ならない」[79]。平野はこの主張を『大アジア主義の歴史的基礎』（一九四五年）と題した著書にまとめて刊行した。

こうした平野の議論を正面から批判したのは法学者の戒能通孝（一九〇八－一九七五）だった。戒能は同じ華北農村慣行調査の分析から、土地所有権が無制限の個人権であり、土地所有を制限する家族的慣習法の権威は非常に弱く、また土地所有を保障するような地縁団体も存在しないことから、農村に内面的共同意識に支えられた秩序は形成されていないとした。そしてそこから日本と中国の異質性を強調し、むしろ日本と西洋の共通性を主張した[80]。論争を戦後に振り返った旗田巍が指摘するように、これは明らかに脱亜論の発想である[81]（多くの場合一方的なものだったとは言え）アジアに対するある種の思い入れを持つアジア主義者が日本の侵略の正当化に向かったのに対し、津田左右吉にも見られたように、アジアと近代社会との差異を強調する脱亜論者がそれに批判的な立場をとるという皮肉な構図がここにも現れている。『大アジア主義の歴史的基礎』の出版は戦後、平野にとって大きな汚点となった。また戒能は戦後に法学や日本農村研究の分野で非常に大きな成果を挙げたが、ふたたび中国を研究対象とすることはなかった。

戦前の中国論の特徴

戦前の日本の中国論をごく大まかに類型化すると、いくつかに分けることができる。

一つはアカデミズムにおけるものである。明治以降に形成された日本の東洋史学、「支那学」は、江戸時代の漢学や西洋の歴史学・東洋学から影響を受けて成立した独自の学問分野であり、多くの碩学を輩出した。しかし戦前日本の東洋史学者はごく一部を除き近現代史を学問的対象とせず、その同時代中国に対する論評は彼らの学問の直接的な成果とは呼び難い。とは言え、たとえば日中戦争下の一九三八年から一九四一年にかけて東亜研究所が東方文化学院東京研究所・京都研究所に委嘱して行った「異民族の支那統治事例」研究プロジェクトに、三上次男《みかみつぎお》、村上正二《むらかみまさつぐ》、百瀬弘《ももせひろむ》、周《す》藤吉之《とうよしゆき》、松本善海《まつもとよしみ》、旗田巍、内田吟風《うちだぎんぷう》、外山軍治《とやまぐんじ》、愛宕松男《おたぎまつお》、野上俊静《のがみしゅんじょう》、宮崎市定《みやざきいちさだ》、田村実造《たむらじつぞう》、安部健夫《あべたけお》、小川裕人《おがわひろと》、宮川尚志《みやかわひさゆき》、羽田明《はねだあきら》（亨の子）らが名を連ねていることからも[82]、近代以前に関する研究であっても時局と無縁ではいられなかったことがうかがえる。

こうしたアカデミズムの動きとは別に、日本の大陸政策についての議論には、在野の「支那通」やジャーナリスト、中国専門家以外の政治学者・経済学者なども大きく関わった。ただ脱亜論の立場をとるにせよ、アジア主義の立場をとるにせよ、文明化した日本との対比で中国の国家形成能力の欠如を強調する点は総じて共通していた。吉野作造や石橋湛山のように中国の国家統一の可能性を評価し、西洋・日本・東洋が近代国家として同じ問題に直面していると考える者もあったが例外的であり、大勢となって日本の政策に影響を及ぼすには至らなかった。

一九二〇年代に入ると、橘樸のように「支那通」の通俗的な中国論を批判し、「科学的」な研究の必要性を主張する者が現れる。一九三〇年代にはマルクス主義を「科学」と見なす研究者たちの間で、日本や中国の発展段階上の位置をめぐる論争が展開された。アジアとヨーロッパは異質であるというアジア的生産様式論は公式には否定され、各地域は同じ発展段階をたどるとされたものの、アジアの後進性は大前提とされた。また、日本共産党や中国共産党の関係者にとって、現在の発展段階を知ることは、その革命運動の方針如何という政治的問題に直接的に関わっていた。

興味深いのは同じ一九三〇年代に、蔣介石・中国国民党政権下の中国の国家統一や近代化を一定程度評価する「再認識」論も提起されていたことである。しかしこちらも日中戦争の勃発によって、日本の対中政策に大きな影響を及ぼすには至らなかった。

日本は中国における軍事行動の目的として、「排外抗日運動」の根絶、「東亜新秩序」の建設を掲げた。近衛文麿のブレーン集団である昭和研究会などでは、「東亜協同体」の理論的基礎づけを試みるとともに、中国の民族主義に一定の評価を与えた上で「事変」の解決方法を探ったが、現実の政策には反映できなかった。また竹内好や平野義太郎のように、アジア主義の視点から対英米戦争・大東亜共栄圏を肯定する議論が出されたのに対し、日本と西洋の共通性、中国との違いを強調する脱亜論に近い津田左右吉や戒能通孝が結果的にこれに批判的な立場をとることになったのは皮肉と言える。

このように戦前日本の中国論を代表する脱亜論やアジア主義は、それぞれの時代や文脈の下でさまざまな役割を果たした。ただ戦前日本の中国論はそれにとどまるものではなく、中国の国家建設や近代化の可能性を評価する、いわば普遍主義的アプローチにつながる立場もあった。これは確かに日本の政策に反映されることはなかったが、脱亜論ともアジア主義とも異なる、戦前日本の中国論の多様性と可能性を示す事例だろう。

しかしこうした中華民国の下での近代国家建設の成果を評価する視点は、戦後の日本には必ずしも引き継がれなかった。その理由については次章以降で見ていくことにしたい。

注

(1) 中見立夫「日本的「東洋学」の形成と構図」、吉澤誠一郎「東洋史学の形成と中国──桑原隲蔵の場合」岸本美緒責任編集『岩波講座「帝国」日本の学知三 東洋学の磁場』岩波書店、二〇〇六年。

(2) 吉澤誠一郎「白鳥庫吉の東洋史学──史学史的考察として」渡邉義浩編『第八回日中学者中国古代史論壇論文集──中国史学の方法論』汲古書院、二〇一七年。

(3) 小倉芳彦「日本における東洋史学の発達」『岩波講座世界歴史三〇 現代歴史学の課題』岩波書店、一九七一年。後、小倉芳彦『吾レ龍門ニ在リ矣──東洋史学・中国・私』龍渓書舎、一九七四年、に収録。

(4) 前掲中見「日本的「東洋学」の形成と構図」、前掲吉澤「東洋史学の形成と中国」。

(5) 並木頼寿「日本における中国近代史研究の動向」小島晋治、並木頼寿編『近代中国研究案内』岩波書店、一九九三年、三─四頁、岡本隆司「明清史研究と近現代史研究」飯島渉、田中比呂志編『二一世紀の中国近現代史研究を求めて』研文出版、二〇〇六年、一二四頁。

(6) 草間時福「東洋連衡論」『郵便報知新聞』一八七九年一一月一九日。

(7) 「脱亜論」『時事新報』一八八五年三月一六日。

(8) 陸奥宗光『蹇蹇録』岩波書店、一九三三年、四三頁。

(9) 山室信一『思想課題としてのアジア──基軸・連鎖・投企』岩波書店、二〇〇一年、四五・五八七─五八八頁、松本三之介『近代日本の中国認識──徳川期儒学から東亜協同体論まで』以文社、二〇一一年、七九─八〇頁。

(10) 戸部良一『日本陸軍と中国──「支那通」にみる夢と蹉跌』筑摩書房、二〇一六年〔初版一九九九年〕、四三・一一五頁。

(11) 近衛篤麿「同人種同盟・附支那問題研究の必要」『太陽』第四巻第一号、一八九八年一月。

(12) 徳富猪一郎「支那に国家なし」『七十八日遊記』民友社、一九〇六年、二三二頁。

(13) 山路愛山「教育と学問（九）」『支那思想史・日漢文明異同論』金尾文淵堂、一九〇七年、二六六頁。
(14) 村田雄二郎「解説」張競、村田雄二郎編『日中の一二〇年——文芸・評論作品選一　共和の夢・膨張の野望一八九四—一九二四』岩波書店、二〇一六年、二八九—二九四頁。
(15) 大隈重信「支那の前途——復活か死か」『早稲田講演』第一〇号、一九一二年一月。
(16) 前掲松本『近代日本の中国認識』一六五—一七五頁、前掲村田「解説」二九四—二九五頁。
(17) 白鳥庫吉「支那歴代の人種問題を論じて今回の大革命の真因に及ぶ」『中央公論』第二六年第一二号、一九一一年一二月。
(18) 前掲松本『近代日本の中国認識』一七〇—一七一頁、前掲村田「解説」二九四—二九五頁。
(19) 内藤虎次郎『支那論』文会堂書店、一九一四年、五四—五五頁。
(20) 小寺謙吉『大亜細亜主義論』東京宝文館、一九一六年、序二—五頁。
(21) 嵯峨隆『アジア主義と近代日中の思想的交錯』慶應義塾大学出版会、二〇一六年、二七—二八頁。
(22) 李大釗「大亜細亜主義与新亜細亜主義」『国民雑誌』第一巻第二号、一九一九年二月。
(23) 内藤虎次郎『新支那論』博文堂、一九二四年、一〇—一一頁。
(24) 野村浩一「大陸問題のイメージと実態」橋川文三、松本三之介編『近代日本思想史大系四　近代日本政治思想史Ⅱ』有斐閣、一九七〇年。後、「近代日本の中国認識——「大陸問題」のイメージと実態」と改題して、野村浩一『近代日本の中国認識——アジアへの航跡』研文出版、一九八一年、に収録。
(25) 前掲内藤『新支那論』一—二頁。
(26) 吉野作造『日支交渉論』警醒社書店、一九一五年、二五二頁。
(27) 吉野作造「日支親善論」『東方時論』第一巻第一号、一九一六年九月。
(28) 前掲松本『近代日本の中国認識』二〇三頁。
(29) 「北京学生団の行動を漫罵する勿れ」『中央公論』第三四年第六号、一九一九年六月。
(30) 「大日本主義の幻想」『東洋経済新報』一九二一年七月三〇日、八月六・一三日。
(31) 前掲松本『近代日本の中国認識』二一四—二二二頁。
(32) 岡本隆司『近代日本の中国観——石橋湛山・内藤湖南から谷川道雄まで』講談社、二〇一八年、二八—三三頁。
(33) 東洋文庫編集『東洋文庫八十年史Ⅱ　寄稿と各論』東洋文庫、二〇〇七年、八四頁。

(34) 前掲中見「日本的「東洋学」の形成と構図」四五頁。
(35) 久保亨「同時代日本の中華民国認識――矢野仁一の中国論を中心に」久保亨、嵯峨隆編著『中華民国の憲政と独裁――一九一二―一九四九』慶應義塾大学出版会、二〇一一年、二一八―二二三頁。
(36) 矢野仁一「清朝の滅亡と支那共和国」『表現』第二巻第四号、一九二二年四月。後、「支那帝国と支那共和国――坂口博士の東西二大文化国の精神とその環境を読む」と改題して矢野仁一『近代支那論』弘文堂書店、一九二三年、に収録。
(37) 前掲久保「同時代日本の中華民国認識」二三〇頁。
(38) 山田辰雄「橘樸の中国国民革命論」山本秀夫編『橘樸と中国』勁草書房、一九九〇年。
(39) 子安宣邦『日本人は中国をどう語ってきたか』青土社、二〇一二年、八九―一〇七頁。
(40) 橘樸「支那は何うなるか――内藤虎次郎氏の新支那論を読む」『月刊支那研究』第一巻第三号、一九二五年二月。後、橘樸『支那思想研究』日本評論社、一九三六年、に収録。
(41) 橘樸「支那を識るの途」『月刊支那研究』第一巻第一号、一九二四年一二月。
(42) 久保亨『日本で生まれた中国国歌――「義勇軍行進曲」の時代』岩波書店、二〇一九年、一四一―一六〇頁。
(43) 前掲中見「日本的「東洋学」の形成と構図」四六―四七頁。
(44) 前掲久保「同時代日本の中華民国認識」二二六―二二八頁。
(45) 矢野仁一「満蒙蔵は支那本来の領土に非る論（支那の辺疆は支那の力及ばざる特別地域）」『外交時報』第三五巻第一期、一九二二年一月。後、前掲矢野『近代支那論』に収録。
(46) 橘樸「支那に於ける軍閥戦争の展望――如何なる勢力が之を終結し得るか」『満蒙』第一〇年第一二号、一九二九年一二月。後、「中国における軍閥戦争の展望」と改題して、橘樸『中国革命史論』日本評論社、一九五〇年、に収録。
(47) 橘樸「私の方向転換」『満洲評論』第七巻第六号、一九三四年八月。
(48) 山室信一『キメラ――満洲国の肖像』増補版、中央公論新社、二〇〇四年、一〇八―一一九頁、前掲山田「橘樸の中国国民革命論」。
(49) 羽仁五郎「東洋に於ける資本主義の形成（一）」『史学雑誌』第四三編第二号、一九三二年二月。後、羽仁五郎『東洋に於ける資本主義の形成』三一書房、一九四八年、に収録。

(50) 永井和「戦後マルクス主義史学とアジア認識――「アジア的停滞性論」のアポリア」古屋哲夫編『近代日本のアジア認識』緑蔭書房、一九九六年、六五四―六六七頁。
(51) 平野義太郎「支那研究に対する二つの途――支那研究の史的現状に関する若干の評註」『唯物論研究』第二〇号、一九三四年六月。
(52) 野沢豊「アジア近現代史研究の前進のために（上）」歴史科学協議会編、野沢豊編集解説『歴史科学大系一三　アジアの変革（上）』校倉書房、一九七八年、二七〇頁など。
(53) 五井直弘『近代日本と東洋史学』青木書店、一九七六年、一六一―二〇八頁、前掲野沢「アジア近現代史研究の前進のために（上）」二六八―二七〇頁。
(54) 「支那哲文雑誌・漢学会雑誌・東京支那学会報・東京支那学報総目録」『東京支那学報』第一三号、一九六七年六月、東洋史研究会編輯『東洋史研究総目録（第一巻―第五〇巻）』東洋史研究会、一九九二年。
(55) 飯倉照平「竹内好と武田泰淳」竹内好、橋川文三編『近代日本と中国』下、朝日新聞社、一九七四年、斎藤秋男「中国文学研究会とわたし」小島晋治、大里浩秋、並木頼寿編『二〇世紀の中国研究――その遺産をどう生かすか』研文出版、二〇〇一年。
(56) 竹内好「私と周囲と中国文学」『中国文学月報』第二三号、一九三七年二月。
(57) 吉川幸次郎、竹内好「翻訳論の問題」『中国文学』第七二号、一九四一年五月。
(58) 竹内好「支那と中国」『中国文学』第六四号、一九四〇年八月。
(59) 「国際法学会春季総会記事」『国際法外交雑誌』第三五巻第六号、一九三六年七月。
(60) 尾崎秀実「張学良クーデターの意義――支那社会の内部的矛盾の爆発」『中央公論』第五二年第一号、一九三七年一月。
(61) 矢内原忠雄「支那問題の所在」『中央公論』第五二年第二号、一九三七年二月。
(62) 大上末広「支那資本主義と南京政府の統一政策」『満洲評論』第一二巻第一二―一五・一七号、一九三七年三―五月。
(63) 大村達夫〔中西功〕「支那社会の基礎的範疇と「統一」化との交渉――支那統一化をめぐる諸見解を中心として」『満鉄調査月報』第一七巻第八号、一九三七年八月。
(64) 西村成雄「日中戦争前夜の中国分析――「再認識論」と「統一化論争」」前掲岸本責任編集『岩波講座「帝国」日本の学知三　東洋学の磁場』、前掲野沢「アジア近現代史研究の前進のために（上）」二八一―

二八五頁。

(65) 「蘆溝橋事件に関する政府声明」(一九三七年八月一五日) 外務省編『日本外交年表並主要文書』下、原書房、一九六六年、三六九―三七〇頁。

(66) 「国民政府ヲ対手ニセズ」政府声明」(一九三八年一月一六日)、「国民政府と雖ども拒否せざる旨の政府声明」(一九三八年一一月三日) 前掲外務省編『日本外交年表並主要文書』下、三八六―三八七・四〇一頁。

(67) 蠟山政道「東亜協同体論の理論」『改造』第二〇巻第九号、一九三八年九月。

(68) 三木清「日支を結ぶ思想」『知性』第一巻第七号、一九三八年一一月。

(69) 三木清「知性の改造」『日本評論』第一三巻第一二・一三号、一九三八年一一・一二月。

(70) 尾崎秀実「「東亜協同体」の理念とその成立の客観的基礎」『中央公論』第五四年第一号、一九三九年一月。

(71) 前掲松本『近代日本の中国認識』二二八―二八五頁。

(72) 矢野仁一「支那人の日本敵国思想と日本人の反省」『外交時報』第八九巻第一号、一九三九年一月。

(73) 前掲嵯峨『アジア主義と日中の思想的交錯』三〇一―三三六頁。

(74) 津田左右吉『支那思想と日本』岩波書店、一九三八年、一七八―一八一頁。

(75) 小島毅「方法としての溝口雄三」前掲渡邉編『第八回日中学者中国古代史論壇論文集――中国史学の方法論』二八七頁。

(76) 「大東亜戦争と吾等の決意(宣言)」『中国文学』第八〇号、一九四二年一月。

(77) 末廣昭「アジア調査の系譜――満鉄調査部からアジア経済研究所へ」、井村哲郎「日本の中国調査機関――国策調査機関設置問題と満鉄調査組織を中心に」末廣昭責任編集『岩波講座「帝国」日本の学知六　地域研究としてのアジア』岩波書店、二〇〇六年。

(78) 小林英夫『満鉄調査部――「元祖シンクタンク」の誕生と崩壊』平凡社、二〇〇五年、松村高夫、柳沢遊、江田憲治編『満鉄の調査と研究――その「神話」と実像』青木書店、二〇〇八年、などを参照。

(79) 平野義太郎『大アジア主義の歴史的基礎』河出書房、一九四五年、一三七頁。

(80) 戒能通孝編『支那土地法慣行序説――北支農村に於ける土地所有権と其の具体的性格』東亜研究所第六調査会学術部委員会、一九四二年。

(81) 旗田巍『中国村落と共同体理論』岩波書店、一九七三年、三五―四九頁。

(82) 東亜研究所第三部支那政治班編『異民族の支那統治概説』東亜研究所、一九四三年。

第二章　戦前の否定、中国研究の再編

——戦後初期（一九四五年〜一九五〇年代前半）

「「支那通」の部分的変態中国観と、「漢学者」の部分的偏古中国観とにそだてられた日本人は、いきいきとした、近代国家へと生長しつゝある、健康なる中国のすがたをみたことがなかつた。

……わがくににおいては、「漢学者」の中国観も、「支那通」の中国観も、あやまつてゐた。中国をしつたつもりで、じつはしつてゐなかつた。それはなぜであらうか？　科学的でなかつたからである。ぜんたいをわすれて部分をみたり、部分をぜんたいだとあやまつたからである。あるひは「国策」のためといふ偏見があつたからである。」（実藤恵秀「中国知識人におくる」『新中国』第一巻第一号、一九四六年三月）

関連年表

1945　8　日本敗戦。

1946　1　民主主義科学者協会創立（-1956）。中国研究所設立。6 国共内戦再開。

1947　2　台湾で二二八事件おこる。

1949　10　中華人民共和国成立。12 中華民国、台北移転。

1950　6　朝鮮戦争はじまる（-1953）。10 日中友好協会成立。

1951　5　現代中国学会創立。

1952　4　サンフランシスコ講和条約・日米安全保障条約発効。日華平和条約締結。

1953　5　アジア政経学会成立。6 毛沢東、「過渡期の総路線」提起。

1954　5　第一次台湾海峡危機（-1955）。

1 戦前との連続と断絶

日本の敗戦と中華人民共和国の成立

日本は一九四五年八月、米英中（後にソ連も加わる）の発表したポツダム宣言を受諾し、翌九月に連合国への降伏文書に調印した。敗戦時、満洲国には日本の軍人・民間人が合わせて約二〇〇万人[1]、さらにそれ以外の中国各地にも二〇〇万人ほどが居留していたと言われる[2]。

蔣介石は国共内戦の再開を見越して、改めて日本との協力関係を構築すべく、降伏した日本軍に対し比較的寛大な政策を取った。後に「以徳報怨」（徳をもって怨みに報じる）として知られるものである。このため日中戦争中に高まった中国社会の反日感情が、在留日本人への報復などの形で表われることは相対的に見れば少なかった。これは戦後の日本社会が蔣介石や中国に対し一定の感謝の念や好意的な見方を持つ素地となる。しかし他方でこれは、後の賠償請求の放棄問題とともに、戦争の加害責任に対する日本社会の意識を曖昧にする一因ともなった。また、日本軍や一般国民にしても、アメリカに負けたという認識こそあれ、中国に負けたという意識は極めて希薄だった[3]。これは戦前の中国観が社会に残存する一因となった。また、日本史などと比べれば直接的な戦争協力から相対的に距離があったとは言え、日本の中国史研究者たちがこの時期に戦前の研究に対する十分な総括を行わなかったことも、後に問題として指摘されている。

中国では一九四六年六月に国共内戦が全面的に再開され、当初は兵力に勝る国民党側が優位だったものの、最終的には国民党政権の失政に対する社会の不満を吸収した共産党が勝利を収め、一九四九年一〇月に中華人民共和国を成立させた。国民党は残った支配地域である台湾に政府を移転して中華民国を存続させた。ソ連や東側諸国が中華人民共和国を承認したのに対し、アメリカや西側の多くの国は引き続き中華民国を承認した。このため、正当な「中国」の代表者を標榜する二つの政権が対峙する状況が生じた。

一九五〇年に朝鮮戦争が起こると、東西冷戦が東アジアでも本格化する一方、日本では特需による経済の急速な回復が進んだ。そして日本は一九五二年に独立を回復すると同時に、台湾の中華民国と日華平和条約を締結（中華民国は賠償請求権を放棄）、日米安全保障条約が発効して、アメリカを中心とする西側陣営に強く組み込まれた。このため日本は、東側陣営に立つ大陸の中華人民共和国とは長く正式国交のない状態が続いた。

日本と中国双方をめぐる状況が劇的に変化する中、日本の中国観や中国研究はどのように変化したのか、あるいはしなかったのか。次にこの断絶と連続の両面について見ていきたい。

戦後歴史学と中国史研究

最初に一九四五年の敗戦後に生まれたいわゆる戦後歴史学の特徴について簡単にまとめておきた

い。一般に言われるのは、①悲惨な戦争を引き起こした戦前の日本の国家や社会のあり方に対する批判と反省、②それと対照的なものとしての西欧近代の理念への関心の高まり（近代主義）、③方法論としては古代奴隷制から中世農奴制（封建制）、そして近代資本主義へというマルクス主義に基づく発展法則の普遍的適用、である。(4)

②の近代主義の代表が、主にドイツとの対比から、明治以来の日本が、主権者である天皇自体が権力と価値の源泉となり、上から下へ「抑圧の移譲」がなされることで、個人の主体的責任意識なしに支配が貫徹される構造にあったと批判した丸山眞男《まるやままさお》（一九一四―一九九六）の「超国家主義の論理と心理」（一九四六年）であり、(5)ウェーバーを参照軸に、イギリスを代表とする西欧と日本の比較から「吾が国民衆が低い近代以前的エトスを捨て去つて、近代的・民主的人間類型に打ち出されるといふことは如何にして可能であらうか」を問うた大塚久雄《おおつかひさお》（一九〇七―一九九六）の『近代化の人間的基礎』（一九四八年）である。(6)戦前の講座派が日本資本主義の半封建性を強調していたことの影響もあり、戦後日本のいわゆる進歩的知識人の中では、③のマルクス主義が、あるべき近代社会を目指す②と共存していたことも指摘される。(7)

戦前の学問に対する否定、マルクス主義の強い影響などの特徴は、戦後の中国史研究にもおおむね共有された。ただ、日本史や西洋史で戦後思想を比較的ストレートに反映した研究が多かったのに比べると、中国史の分野ではそれらはやや屈折した形で受容されることになった。

この問題については、「戦後歴史学」と「戦後中国史学」の違いについての岸本美緒《きしもとみお》の整理が参考となる。まず戦後日本の中国史学は、戦前・戦中における中国村落研究からの影響か、共同体に対して強い関心を持つ一方、丸山・大塚に代表される市民社会モデル、共同体からの自立した個人の析出という問題にはあまり関心が向かわなかった。これは後述する竹内好の議論に特徴的なように、中国史研究者の間に、中国の近代がヨーロッパ近代に対する抵抗の中で形成されたという考えが影響力を持ち、進んだ西欧と遅れたアジアという近代主義の構図に対する反発も強かったためである。また、史的唯物論に基づく発展段階論は、基本的にヨーロッパの歴史から抽出された理念的モデルを基礎としている。この発展段階モデルは、日本には比較的適用しやすかった反面、二〇〇〇年余り皇帝政治体制が続いた中国へは、そのままの形で適用することは非常に困難だった(8)。これが後述する時代区分論争発生の原因となる。このように、普遍的な法則とされたものと、(日本・西洋に対する)中国の特殊性をどのように整合するかは、戦後中国史学にとって一貫した課題となった。

中国史研究者にとってもう一つ大きな問題だったのは、戦後日本社会の西洋志向と、アジアに対する関心の急速な低下である。理由としては、敗戦によってそれまでのアジア諸地域との関係が断ち切られたこと、戦前日本に対する批判が前述した西洋近代化の不十分さや、「大亜細亜主義」の欺瞞性に向けられたこと(丸山眞男「日本ファシズムの思想と運動」(一九四八年)など)、東西冷戦と日米安保体制の下で「日本が盟主となり」「東洋が連合して西洋に対抗する」というアジア主義に存立の余地がなくなったことなどが考えられる(9)。確かにこの時期マスメディアなどの「新中国」への関心は高く、大陸からの帰還者や、貴重な訪中の機会を得たジャーナリスト・作家などの見聞記がもてはやされた。しかしその一方で、アカデミズムにおけるアジア研究は戦後ふたたび相対的にマージナルな領域に追いやられた観がある。こうした状況の下、中国研究者たちは自らの研究をどのように意義づけるかという問題に直面する。

現地調査派の連続と断絶

戦前からの連続という文脈で見た場合、一九五〇年代前半にかけて、戦中の中国調査の成果が次々と刊行されたことが注目される。代表的なものに、島恭彦《しまやすひこ》の『中国奥地社会の技術と労働』（一九四六年）、福武直《ふくたけただし》の『中国農村社会の構造』（一九四六年）、『中国村落の社会生活』（一九四七年）、根岸佶の『中国社会に於ける指導層——中国耆老《きろう》紳士の研究』（一九四七年）、『買辦《ばいべん》制度の研究』（一九四八年）、『上海のギルド』（一九五一年）、柏祐賢《かしわすけかた》の『経済秩序個性論——中国経済の研究』一—三（一九四七—一九四八年）、内田智雄の『中国農村の家族と信仰』（一九四八年）、村松祐《むらまつゆう》次《じ》の『中国経済の社会態制』（一九四九年）、仁井田陞の『中国の社会とギルド』（一九五一年）、『中国の農村家族』（一九五二年）、天野元之助《あまのもとのすけ》の『中国農業の諸問題』上・下（一九五二—一九五三年）、今堀誠二《いまほりせいじ》の『中国の社会構造——アンシャンレジームにおける「共同体」』（一九五三年）、『中国封建社会の機構——帰綏《きすい》（呼和浩特）における社会集団の実態調査』（一九五五年）、そして『中国農村慣行調査』全六巻（一九五二—一九五八年）などがある。[10]

戦中に中国で現地調査に従事した研究者たちは、戦後は東京大学（福武、仁井田）、京都大学（島、天野、柏）、一橋大学（根岸、村松）、広島大学（今堀）などでそれぞれ研究と後進の育成に尽力した。ただ、中国をはじめ東アジア・東南アジアが戦後独立しあるいは社会主義化したことで戦前・戦中の研究が意味を持たなくなったと見なされたこと、政治的・経済的要因のため日本の研究者による同地域での再調査が長く困難となったこと、現状分析の分野で戦前のマルクス主義に基づく研究手法が忌避されるようになったこと（後述）、そして研究者と対象の関係に対する認識の変化といった要因から、現地調査によるアジア研究という分野は、敗戦前後で人的には連続する一方で、方法論などの面で大きく断絶することになった[11]。

特に戦中の現地調査が戦後に批判されたのは、調査者の主観的意図と現実の間に乖離があったのではないかという点だった。たとえば『中国農村慣行調査』の刊行に際し、調査者たちは当時を振り返って「真に学術の進歩を期する良心的な事業」（仁井田陞「序」）、「純正に学術的意図でなされたもの」「中日戦争中の困難な社会的環境にあって、決して、学術調査の自由を制限されることなく、その目的を可能な限り達することを得た」（平野義太郎「解題」）と自任していた[12]。しかし、調査者の中でも旗田巍はこうした「研究の純粋性」という考え自体を強く批判した（後述）。満鉄調査部の調査に加わらず単独で内モンゴルで資料調査を行っていた今堀も、中国農村慣行調査が、日本の軍事占領下、権力を背景にして行われたことを自覚していないと批判している。こうした事情から、『中国農村慣行調査』が当事者以外からの注目を集めるようになるには、一九八〇年代以降を待たねばならなかった[13]。

東洋史学における連続性

戦後日本の中国研究を人的・方法論的な視点からやや乱暴に分類すると、①戦前からの東洋史学、

②マルクス主義の影響の強い近現代史研究、③アメリカの社会科学の影響の強い現状分析、に分けられる。ただしこの区分はあくまで説明を簡略化するための便宜的なもので、実際に全ての研究者が画然とこのように分類されるわけではない点には強く注意されたい。

一九四七年にそれまでの帝国大学の名が改称され、一九四九年には新制大学が発足する。また一九五一年の第二回学習指導要領によって、新制高等学校では西洋史・東洋史を統合した「世界史」科が新設され、日本史との二本立てとなった。しかし大学の歴史学科では戦前からの日本史・西洋史・東洋史の三区分が維持された。また大学の東洋史学部門では敗戦前後にも大きな人的変動はなかった（東京大学文学部の和田清、京都大学文学部の那波利貞《なばとしさだ》、宮崎市定、田村実造など。例外は、大亜細亜協会〔一九三三―一九四二年〕の副会頭であったことなどを理由に戦争協力者として公職追放処分を受けた矢野仁一）。このため東洋史学の分野では、戦後も長い間、近現代史研究や現状分析との直接的な関わりは薄い状態が続いた。

そうした東洋史学者が同時代中国についての発言を求められたのが、国共内戦も末期の『世界』一九四九年八月号に掲載された特集「中国の現状をどうみるか――シナ学者のこたえ」である。寄稿したのは仁井田陞（東京大学東洋文化研究所）、吉川幸次郎（京都大学文学部）、平岡武夫《ひらおかたけお》（京都大学人文科学研究所）、松本善海（東京大学東洋文化研究所）、貝塚茂樹《かいづかしげき》（京都大学人文科学研究所）で、いずれも戦前に東方文化学院や東方文化研究所に勤め、その後の改組にともなって東京大学・京都大学に移動した研究者である。経書成立史を専門とする平岡が共産党政権成立によっても「天下的世界観は動かない」と持論を述べたのに対し、吉川と貝塚は明末の反乱や太平天国の事例を挙げ、共産党の政権奪取がかつての農民戦争に類するものか、それとも異なるものか判断を留保している。仁井田は戦中の東亜研究所出向時の中国調査や同時代の情報を元に、「ともあれ中共革命は、中国の「革命」といわれる多くのものの中にあつて、はじめて革命の名に値する革命——一つの階級から他の階級へ〔の〕国家権力の移動——であるといわねばならない」としつつ、経済的変革と意識の変革における「中国社会の歴史的制約」を指摘した。

松本の「中国の苦悶と中国研究者の苦悶」は、他とかなり異なる筆致で書かれている。松本は「過去の中国に対する尊敬と現在の中国に対する侮蔑」、互いに連絡のない「漢学者と支那通」といった戦前の中国研究を批判した上で、現在、中国共産党によっても中国は変わらないという主張と、正反対に中国の変革にユートピアを求める主張があるが、双方とも「科学的考察の結果」ではなく「自己の希望の投影」に過ぎないと吐露する。松本は、こうした中で現実を理解するには、現在を「四千年の中国史の発展の帰結として、或いはせめてこの一世紀間の中国近代史の発展の帰結として」位置づける他ないと、中国研究者に、反省と、現実による検証によって歴史を書き換える必要性を訴えた(14)。実際に松本はこの後、前近代の中国社会研究を進めつつ、同時代の中国についても発言を行っており、十分な展開こそなされなかったものの、その当時における意義という点で高く評価する後の研究者もいる(15)。

このように東洋史学の分野においても、当時の時代背景の下、研究のあり方の見直しが提起され始めていた。ただこの問題がより先鋭的に現れたのは、近現代史や現状分析を専門とする研究者たちだった。

マルクス主義からの中国研究

第一章で見たように、戦前・戦中に弾圧を受けたり、その結果として満鉄に職を求めたりした中国研究者は少なくなかった。そうした研究者の中には、敗戦後に所属機関が閉鎖され、職を失った者も多かった。こうした元満鉄調査部や東亜研究所の研究員の受け皿になったのが、一九四六年に設立された「中国研究所」（一九四七年より社団法人）だった。戦争末期、重慶国民政府との和平工作のために中国関係の民間団体を統合して作られた財団法人日華協会（近衛文麿総裁）の清算にあたり、同協会の総務局長だった伊藤武雄がその剰余資金を寄付したのが中国研究所の創設基金となったという（なお日華協会の土地・建物は同じ一九四六年創設の財団法人東方学術協会〔一九四七年に東方学会と改称〕に譲渡されている）。平野義太郎が初代所長、石浜知行、伊藤武雄、岩村三千夫《いわむらみちお》、幼《うぶ》方直吉《かたなおきち》、尾崎庄太郎、小野忍、鹿地亘《かじわたる》、具島兼三郎《ぐしまかねさぶろう》、実藤恵秀、野原四郎《のはらしろう》らが理事となり、他に創立時の主要メンバーに堀江邑一、浅川謙次《あさかわけんじ》、安藤彦太郎《あんどうひこたろう》らがいた。東大新人会（石浜、伊藤）、プロレタリア科学研究所支那問題研究会（岩村、尾崎、協力者の中西功）、プロレタリア文学運動（鹿地）など、戦前に社会運動や共産主義活動に参加していた人物が含まれ、後述の民主主義科学者協会関係者や日本共産党の党員・シンパも多い（日本共産党が戦前の講座派の流れを汲《く》んでいたのに対し、労農派は社会党左派につながる）。幼方・野原は戦前に歴史学研究会に参加、後に回教圏研究所（一九四〇―一九四四年）で竹内好と同僚だった経歴を持つ。ただ中国研究所には、戦前の反ファシズム統一戦線の発想を引き継ぐ性格もあり、マルクス主義に限らず、より広く平和や民主主義を支持する立場の研究者も加わっていた。たとえば中国文学研究会からは小野、実藤が中国研究所の理事となっている。増田渉、武田泰淳、竹内好らは参加しなかったが、中国研究所所誌『中国資料月報』(後、『中国研究月報』と改題)に寄稿している。[16] もう一つの所誌『中国評論』(後、『中国研究』と改題)創刊に際し、編輯委員の岩村は次のように述べた。

これまでの、わが中国研究の多くは、いかにして中国を侵略し、その資源を独占しようかといふ調査と「理論」とのおしつけであつた。しかし、日本が民主主義国として更生するためには、こんどこそ、中国に対する真に科学的な研究をしなければならないし、またそれが可能となつたのである。われわれは、中国を正しく知ると同時に、偉大なる中国の民衆運動から大いにその教訓を学ばなければならないと考へる。[17]

戦前の中国研究の全面的な否定、「科学的」つまりマルクス主義に基づく研究、民衆運動の重視、という方針が示されている。また中国の研究は「日本が民主主義国として更生する」という目的に明確に結びつけられた。こうした立場から、彼らは戦前の研究手法を継承していると目された東洋史学を否定した。岩村は前述の『世界』の特集を次のように評している。

中国史研究の分野の新しい課題については、……もともと「シナ学」の課題であつてはならない。なぜならば、「シナ学」とは、その国際的なシノロジーの概念からいつても、中国をその停滞性と不変性において研究しようとする「学」だからである。……中国の現状がすでにかかるシノロジーの破産を示しているとすれば、一切のシナ学的偏向の克服のうえにたつてはじめて、現代中国の研究と中国史の研究の課題とが正しく結ばれることになる。これは、新中国の偉大な生誕を眼前にしているわが中国研究者の共通な課題でなければならない[18]。

前述のようにマルクス主義においては現状の把握が歴史的発展段階の問題と結びついており、そのため現代中国研究と中国史研究は一体のものと位置づけられた。また、中国停滞論の打破というこの後長く論点となる問題が明確に掲げられている。ただし中国研究所は実際の活動面では、同時代の中国情報の紹介という面で一定の役割を果たしたものの、現実の中国情勢が急速に変転する中、その歴史的分析という面では不十分だったという評価もなされている[19]。

マルクス主義に立ち、中国から学ぶことを掲げた中国研究所は、一九四九年に中華人民共和国が成立するとこれを強く支持した。ただそれは、革命を成し遂げたという中国共産党の圧倒的な威信に対する従属という傾向も生むことになった。そのため中国研究所の中国近現代史に対する見方も、基本的に毛沢東の「中国革命と中国共産党」（一九三九年）や「新民主主義論」（一九四〇年）、胡《こ》喬木《きょうぼく》『中国共産党の三十年』（一九五一年）などの歴史観に沿ったものとなった。これは具体的には、中国では非常に早く奴隷制を脱した後、清代まで長い封建社会が続いたが、アヘン戦争（一八四〇―一八四二年）に始まる帝国主義の侵略の下で封建社会の解体が進み、「半植民地・半封建社会」に陥った。「半植民地・半封建社会」の下では大ブルジョアジー＝買辦的官僚資本と地主は帝国主義や封建主義に従属し、民族ブルジョアジーの発達が弱かったため、ブルジョア民主主義革命（一九一一年の辛亥革命＝「旧民主主義革命」）が不徹底に終わった。そのため五四運動（一九一九年）以降、プロレタリアートと中国共産党（一九二一年成立）の指導の下、プロレタリアート、農民、小ブルジョアジー（民族ブルジョアジー）の統一戦線による「反帝国主義・反封建主義」の「新民主主義革命」が展開された、というものである。

この中国共産党公式の歴史観では、国民党政権は買辦的官僚資本に従属していた（民族ブルジョア的性格を認めない）とされた。そのため第一章に見たように、戦前においては国民政府を民族ブルジョア政権として評価する視点も存在したにもかかわらず、中国研究所はこの視点を否定し、中国共産党の主張に従った。[20]

さらに、中国共産党は中華人民共和国成立時、当面はプロレタリア独裁による社会主義ではなく、前述した諸階級の連合による「新民主主義」を目指すと謳《うた》っており、岩村の文章なども中国共産党政権をそのように紹介していた。しかし毛沢東は一九五三年に「過渡期の総路線」に関する指示を発し、それまでの主張を覆して、急速な社会主義化を目指す方針を明らかにした。中国研究所は混乱に陥った後、自分たちの説明が誤っていたと「自己批判」して、中国の変化に追随することになった。中国が発展段階を飛び越えて社会主義段階に至ったという主張に疑問を呈する者もあったが（高橋勇治《たかはしゆうじ》『中国人民革命の研究』（一九五七年）など）、大勢とはならなかった。[21]

前述のように中華人民共和国と日本の間には正式国交がなかった。そのため一九四九年五月の時点で中日貿易促進会を結成していた野坂参三（日本共産党）、平野義太郎、内山完造《うちやまかんぞう》（内山書店）らは、これを母体として一九五〇年に「日中友好協会」を組織した。同会は「日本国民の誤った中国観を深く反省し、これが是正に努力する」こと、日中間の文化・経済交流の促進と世界平和を掲げ、機関紙の発行、中国情報の紹介、中国語講習会の開催といった活動を展開し、中華人民共和国との国交樹立を訴えた。また民間団体として中華人民共和国との連絡窓口となり、残留邦人帰国事業などに参画した。平野が副会長の一人となったのをはじめ、伊藤武雄、岩村三千夫、幼方直吉、鹿地亘ら中国研究所関係者が理事に加わっていた[22]。

一九五一年には中国研究所を母体として「現代中国学会」が成立し、会誌『現代中国学会報』を刊行している。初期の同誌は啓蒙活動の報告が誌面を占めていたが、一九五三年に『現代中国』と改題した後は研究論文や書評を中心とした学術雑誌となった。「現代中国の政治と法」(第一七号、一九五三年三月)、「「矛盾論」と「実践論」をめぐって」(第一八号、一九五三年四月)といった特集を組むなど、政治、法、思想、経済、社会、歴史、文学、教育と、かなり多岐にわたる現代中国研究を試みている。ただし一九五〇年代後半に入ると『現代中国』の刊行は断続的になり、学会自体の活動も停滞した。

前述のように戦後も大学の東洋史学部門では前近代が重視されたため、近現代史研究はこうした学会や研究会の場で開始された部分が大きい。たとえば中国研究所の岩村三千夫は『民国革命』(一九五〇年)で、辛亥革命をブルジョア民主主義革命と位置づけ、それによって中国停滞論を打破しようとした。これに対し、当時東京文理科大学(東京教育大学を経て現・筑波大学)史学科東洋史専攻助手で歴史学研究会会員だった野沢《のざわ》豊《ゆたか》(一九二二―二〇一〇)は「辛亥革命の階級構成」(一九五一年）で、岩村が海外華僑を重視しながら国内の資本主義発展への検討が不十分であると批判し、辛亥革命の階級構成の複雑さやブルジョアジーの果たした役割などを実証的に明らかにする必要があるとした[23]。野沢の議論は中国の内在的発展を重視し、また中国革命が反帝国主義・反封建主義という二重の課題を背負っていたがゆえに労働者・農民・民族ブルジョアジーの同盟によって遂行されたと主張するものだった。野沢が東京教育大学文学部東洋史研究室に組織した中国近代史研究会の菊池貴晴《きくちたかはる》や中村義《なかむらただし》がこれに続いた[24]。こうして戦後日本の中国近現代史研究（より正確には近代史研究）は、まず辛亥革命とそこに至る清末の諸反乱の検討として開始された。

2　戦後初期の中国研究

時代区分論争

この時期には日本の歴史学界全体を見てもマルクス主義の影響が非常に強かった。一九四六年には、かつてプロレタリア科学研究所などに参加していたマルクス主義者を中心に、戦前の封建主義・軍国主義・専制主義・侵略主義を否定し、日本と世界の平和的発展を目指す「民主主義的科学者の統一戦線」を掲げた「民主主義科学者協会」が組織された。同会には哲学・政治経済・自然科学・芸術・教育・農業部会と並んで歴史部会が置かれ、研究・啓蒙活動を展開するとともに、会誌『歴史評論』を刊行した。また一九四九年には同会京都支部に歴史部会が成立し、会誌『新しき歴史学のために』（後、『新しい歴史学のために』と改題）を刊行している[25]。

歴史学研究会も戦中の一九四四年に活動を停止していたが、一九四六年に再開され、「学問の完全な独立と研究の自由」「歴史学と人民との、正しいむすびつき」「民主々義的な・世界史的な立場」を綱領に掲げた。[26] 戦後最初の大会となる一九四九年の歴史学研究会大会の統一テーマは「世界史の基本法則」だった。これは、古代奴隷制→中世農奴制（封建制）→近代資本主義という史的唯物論の発展段階を世界の各地域に共通する法則と見なすもので、日本史・西洋史・東洋史を世界史という共通の場で理解する、そして戦前の中国停滞論を打破するという意図があった。

日本の中国史研究では、戦前から独自の時代区分が試みられていた。最も有名なのが内藤湖南によるもので、後漢（二五―二二〇年）の中頃までを上古、唐（六一八―九〇七年）の中頃までを中世、宋（九六〇―一二二七年）以降を近世とするものだった（『支那上古史』一九四四年）。この時代区分は戦後も京都学派の宮崎市定（一九〇一―一九九五）や宇都宮清吉《うつのみやきよし》（京都帝国大学文学部史学科卒、名古屋大学文学部）に引き継がれた。

宮崎市定

一九四八年、前田直典《まえだなおのり》（東京大学大学院）がこれを批判し、秦漢と隋唐をともに奴隷制と見なし、唐までを古代、宋以降を中世とする時代区分を提起した。前田の夭折後にその説を継いで、西嶋定生《にしじまさだお》（東京大学文学部）が一九五〇年の歴史学研究会大会で、古代ギリシャ・ローマの典型的奴隷制とは異なるが共通点もある「中国型奴隷制」という概念を提起した。また同大会では堀敏一《ほりとしかず》（東京大学東洋文化研究所）が、宋以降の佃戸《でんこ》制を封建農奴制と位置づけた上で、なぜ西洋や日本の中世の地方分権体制と、中国の専制統一体制という政治体制の違いが生じたのかを説明しようとした。これはいずれも、中国社会の特殊性を認識しつつ、その「世界史の基本法則」との両立を試みたものだった。

こうした理解の是非をめぐり、研究者の間で活発な議論が巻き起こった。宇都宮清吉や守屋美都《もりやみつ》雄《お》（東京帝国大学文学部東洋史学科卒、大阪大学文学部）、浜口重国《はまぐちしげくに》（東京帝国大学文学部東洋史学科卒、山梨大学学藝学部）らは、実証面から西嶋の漢代史理解を批判した。さらに増淵龍《ますぶちたつ》夫《お》（一橋大学経済学部）は、奴隷制という世界史上の普遍的な範疇をもって中国史を論じること自体に根本的な疑念を表明し、中国史の内在的理解を主張した。宋の佃戸制の理解をめぐっても、堀と同じく封建農奴制と捉える周藤吉之（東京大学東洋文化研究所）や仁井田陞と、近世的地主小作関係と捉える宮崎市定の間で激しい論争が展開された。

この二つの立場を軸とする時代区分論争はその後も続いた。ただ実証的な面では奴隷制説には難があり、後に西嶋自身が撤回し、自営農民に対する皇帝の個別人身支配を特徴とする秦漢帝国論へと立場を転じている(27)。

なおこの時期の関連する話題として、一九五五年の中国科学院院長郭沫若を団長とする学術視察団の訪日がある。国交のない中華人民共和国との初の学術交流ということで、日本側では大塚史学会（一九二四年―、東京教育大学）、史学会、東方学会（東京支部）、民主主義科学者協会歴史部会、歴史学研究会、歴史教育者協議会（一九四九年―）が歓迎に当たった。この席で中国古代史研究の翦伯賛《せんはくさん》は、中国の学界では奴隷制から封建制への移行時期について、西周時代、春秋戦国時代、三国時代など複数の説が存在することを紹介した。ただいずれにせよ、中国が非常に早い段階で奴隷制を脱した後、アヘン戦争まで封建制が続いたという見方は、前述した毛沢東の「中国革命と中国共産党」や「新民主主義論」に基づく中国共産党の公式見解に基づくものだった。これに西嶋らが同意せず、自説をもって反論を加えていたことは注目されてよいかもしれない。[28]

島田虔次

中国近代思想史研究の開始

日本で中国近代思想に関する学問的な研究が始まったのは戦中だった。中国を知るという目的の下、神谷正男《かみやまさお》『現代支那思想研究』（一九四一年）、実藤恵秀編『近代支那思想』（一九四二年）、和田清編『近代支那文化』（一九四三年）などが近代以降の中国思想の通史的な紹介を行っていた。[29]

戦後の早い時期にこの分野に関する学問的研究を発表したのは、京都大学の研究者たちだった。

島田虔次《しまだけんじ》（一九一七―二〇〇〇）は、京都帝国大学文学部史学科を卒業し、戦後は京都大学人文科学研究所・文学部で研究・教育に従事した。島田が戦中の論文を元に刊行した『中国に於ける近代思惟の挫折』（一九四九年）は、内藤湖南の宋近世（近代）説を前提に、宋から明にかけて、儒学の内部に合理主義、欲望の積極的肯定、「個人」の析出といった近代的要素が生じたが、士大夫は既存の社会に対立する新興階級ではなく、庶民もまた新興階級とはならなかったがゆえに、ヨーロッパのような市民社会には到達しなかったとした。前提となっているのはウェーバーの議論で、島田によれば「中国近世の庶民が『無文樸茂』こそ人間のまさにあるべきあり方と自覚して、詩酒官場を徹底的に憎悪し、教養を徹底的に否定した、sobreな生活原理に立つこと西欧プロテスタントの如くでなかつたところに、大にしては中国が畢竟して停滞の国たらざるを得なかつた所以があり、……神を知らざる精神、否定の論理なき民族――そのやうな地盤に咲いた近世は、ヨーロッパ近世を尺度にとるときは、つひに開花しつくさざる近世と言はるべきであつた〔傍点は原文〕」。島田は以上の考察の目的を次のように述べている。

　等しく人間生活の展開である限り、ヨオロッパたると中国たるとを問はず、そこには畢竟して同じやうな傾向が現れるであらうし、学問が人間理知の認識であるかぎり、それが法則的類型的なものを取り上げることは事柄の自然に属するであらう。中国の近世といへども人間史の『近世』に例外ではあり得ないと信ぜらるるのである。然《しか》も同時に我我はまた、そのあくまで中国的な性格を追求しなければならない。中国の近世性と近世の中国性――この両面を精確に認識せんが為めに近代中国史の主体たる士大夫の存在性格を把握すること、これ本書の中心課題をなすものに他ならぬ。[30]

ここでも中心的な課題となったのは、普遍的な法則（＝ヨーロッパ）と、中国の特殊性をどのように整合するかだった。

戦後に京都大学で中国近代思想史研究が展開されたのには、古代中国の社会・経済・法思想を講じつつ、戦前から章炳麟《しょうへいりん》や譚嗣同《たんしどう》の思想を日本に紹介していた小島祐馬《おじますけま》（一八八一―一九六六）の存在が大きい。小島は京都帝国大学文科大学哲学科を卒業し、京都帝国大学文学部・人文科学研究所で研究と教育に従事した。小島は戦後に刊行した『中国の革命思想』（一九五〇年）で、孫文の三民主義に至る「現代中国の革命運動が斯様《かよう》に西欧近代のそれの影響であるにしても、その背後に横《よこた》はる三千年来の革命的伝統は軽視できない。またかかる伝統から理解するといふ態度を一面にもたないかぎり、中国革命の中国的なる特質を見極めることは出来ないであらう」とし、中国の革命思想を儒家・道家以来の革命の伝統との関係で理解する必要性を主張した。(31)

これに対し、東京の研究者たちの手になる比較的早い時期の中国近代思想通史が、竹内好、山口《やまぐち》一郎《いちろう》、斎藤秋男、野原四郎の共著『中国革命の思想』（一九五三年）である。同書は基本的に毛沢東の「新民主主義論」や范文瀾《はんぶんらん》『中国近代史』（一九四七年）を下敷きに、「日本の革命の主力である労働者が、それを血肉にすることのできる学問を志そう」という目的の下で書かれたものである。ただ「まえがき」で「今日の中国にそだちつつある文化は、これまでの歴史にあらわれた文化とどうちがうのか、そこに形成されつつある人間は、史上のあらゆる人間類型とどうちがうのか」という「中国における近代の異質性の究明」を最初から重視していた点は特徴と言える。(32) また同書執筆者を中心として一九五六年に「中国近代思想史研究会」が組織され（初期の参加者は他に野沢豊、新《にい》島《じま》淳良《あつよし》、折下功《おりしもいさお》、実藤遠《さねとうとおし》（恵秀の子）、野村浩一《のむらこういち》、高田淳《たかたあつし》、西順蔵《にしじゅんぞう》、丸山松幸《まるやままつゆき》、近藤邦康《こんどうくにやす》、渡辺恵子、山本秀夫《やまもとひでお》、伊東昭雄《いとうてるお》、衛藤瀋吉《えとうしんきち》、丸山昇《まるやまのぼる》、木村郁二郎《きむらいくじろう》、大村益夫《おおむらますお》など）、会誌『中国近代思想史研究会会報』（一九五九―一九六八年）を発行している(33)。

いずれにせよ思想史研究においては、普遍的な法則を前提としつつも、当初から中国の特殊性の解明の方に重点が置かれていたように見える。

竹内好の「中国の近代と日本の近代」

ただ、ここまで見てきたような東洋史学と、マルクス主義に基づく中国研究のどちらとも異なる立場をとる者もあった。その代表が竹内好である。竹内は一九四八年に発表した「中国の近代と日本の近代」で、近代を困難の克服による自己実現の運動と定義し、ヨーロッパの侵入と東洋（＝中国＝魯迅）の抵抗をともに近代の契機とみなす一方、そうした困難に抵抗する過程を経なかったとして明治以来の日本を強く批判した。

東洋は抵抗を持続することによつて、ヨオロッパ的なものに媒介されながら、それを越えた非ヨオロッパ的なものを生み出しつつあるように見える。……抵抗を通じて、東洋は自己を近代化した。抵抗の歴史は近代化の歴史であり、抵抗をへない近代化の道はなかつた。

……抵抗がないのは、日本が東洋的でないことであり、同時に自己保持の欲求がない（自己がない）ことは、日本がヨオロッパ的でないことである。つまり日本は何物でもない。[34]

竹内の議論のもう一つの特徴は、「中国文学を後進国文学として映す日本文学の目は、中国文学を正しく映しているだろう。……それは自分が歴史にはいりこまないで、歴史というコオスを走る競馬を外から眺めている。自分が歴史へはいりこまないから、歴史を充実させる抵抗の契機は見失われるが、そのかわり、どの馬が勝つかはよく見える[35]」として、マルクス主義に代表される客観的な指標を外部から対象にあてはめる「科学的方法」による歴史学を批判したことである。前述したように、認識主体の問題を重視する竹内の態度は戦前から一貫している。

竹内好

本論文およびそれを収録した竹内の『現代中国論』（一九五一年）は、以後の日本の中国研究に多大な影響を及ぼした。戦後思想が強い西洋志向の近代主義に傾く中、竹内の議論は、近代という価値と、東洋による西洋への抵抗という要素を両立させる論理をもたらした。この論理は西洋志向の近代主義に反感を覚えていた中国研究者の心理に適合し、また彼らが中国を研究する意義を説明する際にも援用しやすいものだった。

認識自体の「科学性」「客観性」如何よりも、日本人としての立場性や主体形成の問題を重視する竹内に類する主張は、以後の日本の中国研究においてくりかえし現れてくることになる。こうした中国論は実際には（近代主義が西洋を比較対象としたのと同様に）中国を鏡とした日本論という性格が濃かった。このような議論が広くなされたのには、前述のように戦前には数多くの日本人が実際に中国に居留する体験を持ったのに対し、戦後には中華人民共和国との間に長期間正式国交のない状態が続き、中国の近現代史に関する史料、同時代の情報がともに断片的にしか得られない中で、議論が観念的になりやすく、内向きの自己分析に向かいがちだったという事情も考えられる。

竹内は戦前の時点で東洋史学に批判的だった。そのため前述の『世界』の特集に対しても強く反発した。

京都派の古い「支那学」者たちは、自分たちの古い中国観をタテにして、この革命も易姓革命の変種にすぎないなどと夢みたいなことをいっている。（世界八月号）私は、日本共産党が手放しで喜ぶのもヘンだとは思うが、それよりも、国民がこの歴史的事件に目を開こうとするのを側から手をかぶせて見せまいとする古い「支那学」者たちのやり方にはいっそう我慢がならない。[36]

ただ、あくまで主体性を重視する立場から、同じ時期にコミンフォルム（一九四七年に組織されたヨーロッパ・ロシアの共産主義政党の連絡機関。一九五〇年に野坂参三の平和革命論を批判した）に対

する日本共産党の従属へも痛烈な批判を行っていたところに、竹内の立場の独自性があった。(37)

アジア研究の展開

現状分析を専門とする研究者の間にもマルクス主義から距離をとる傾向があった。彼らが一九五三年に組織したのが「アジア政経学会」である。初代代表理事は、戦前から中国外交史や国際法、租界の研究を行ってきた植田捷雄《うえだとしお》（東京大学東洋文化研究所）で、板垣与一《いたがきよいち》、入江啓四郎《いりえけいしろう》、内田直作《うちだなおさく》、大平善梧《おおひらぜんご》、川野重任《かわのしげとう》、柏祐賢、英修道《はなぶさながみち》、村松祐次が常務理事となった。他に当初からの中心的なメンバーとして衛藤瀋吉、山本登《やまもとのぼる》、石川滋《いしかわしげる》らがいる。同会設立の「趣意書」には「これまでの日本人は、たとえその歴史的、古典的研究に成果をあげるものはあつても、現に生起しつつあるアジアの政治、経済問題に正面から取り組」む者は少なかったことから「学者と実際家との綜合的協力により、日本の学界におけるこの大きな欠陥を補い、以て学問の進展に寄与すると共に刻下緊急の実際的要請に応えようとするものである」とある。実際に同会理事には研究者以外に外務省アジア局関係者やジャーナリスト、財界人なども多く加わっていた。会誌『アジア研究』初代編集担当者の村松祐次は、同誌に掲載する調査論文について「出来るだけ時局にもかかわりのある、しかも政治的な立場や主張や議論の前面へ出たものでない、客観的で具象的な記述をそろえたい」という方針を示していた。(38)方法論の面では同時代のアメリカの中国学の影響が大きく、前述の趣意書では「独り中国のみならず、広く韓国、インドその他南方諸地域におけるアジア問題の解明」が掲げられたが、当初は同時代中国の経済に関する統計的な研究などが多かった。以後も中国・東南アジア

J・K・フェアバンク

の政治・経済に関する社会科学的研究が中心となり、歴史・文学・思想といった分野の研究は少なかった。[39]

同じ一九五三年、来日中のハーバード大学教授J・K・フェアバンク（John King Fairbank、一九〇七―一九九一）から財団法人東洋文庫に、近代中国に関する共同研究の提案があった。交渉の結果、一九五四年にロックフェラー財団から資金援助（―一九五八年）を受けて「東洋文庫近代中国研究委員会」が新設された。委員長は和田清（東京大学文学部）、常任委員が山本達郎《やまもとたつろう》（東京大学文学部）、委員が牧野巽《まきのたつみ》（東京大学教育学部）と市古宙三《いちこちゅうぞう》（一九一三―二〇一四、東京大学文学部卒、お茶の水女子大学文教育学部）で、後に村松祐次が加わった。ただ実際の活動の中心となったのは市古であり、他の初期の参加者には坂野正高《ばんのまさたか》、衛藤瀋吉、小野川《おのがわ》秀美《ひでみ》、矢沢利彦《やざわとしひこ》、波多野善大《はたのよしひろ》、田中正俊《たなかまさとし》らがいた。同委員会もまた「政治的偏見をはなれて、実証的研究をする」ことを掲げ、また発足の経緯よりアメリカとの研究交流を重視した。中国近代史に関する史料収集や目録の編纂を重視したのも同委員会の重要な特徴である。機関誌としては『近代中国研究』『近代中国研究センター彙報』などを発行した。[40]

これらの団体とはやや異なる経緯でできたのが「アジア経済研究所」である。一九五一年、元満洲国官僚の藤崎信幸《ふじさきのぶゆき》が中心となり、加田哲二《かだてつじ》、赤松要《あかまつかなめ》、板垣与一、川野重任、山本登、原覚天《はらかくてん》、大来佐武郎《おおきたさぶろう》、土井章、半田敏治《はんだとしはる》らが加わって、岸信介《きしのぶすけ》の財政支援の下に設立されたアジア問題調査会が前身である。アジア問題調査会は一九五四年に政府が設立した社団法人アジア協会の調査担当部門となり、アジアの情報や政策遂行に関わる特集を掲載した機関誌『アジア問題』を発行した。

一九五七年、アジア問題調査会のメンバーは首相となった岸に「国の運営するアジア研究調査機関」の必要性を訴え、経団連を中心とする財界、官界、学界代表からなる準備委員会の組織を経て一九五八年に財団法人アジア経済研究所が設立された。一九六〇年、同研究所が通商産業省所管の特殊法人となった際に制定されたアジア経済研究所法には「アジア地域等の経済及びこれに関連する諸事情について基礎的かつ総合的な調査研究を行ない、並びにその成果を普及し、もつてこれらの地域との貿易の拡大及び経済協力の促進に寄与することを目的とする」とある。ただ、藤崎が政策志向の研究を目指したのに対し、アジア経済研究所初代所長となった東畑精一《とうばたせいいち》（元東京大学農学部教授）は総合的な地域研究を目指した点で異なった。

市古宙三

藤崎の転出後、アジア経済研究所は後者の方向に向かい、機関誌『アジア経済』も、『アジア問題』を踏襲した現地報告・時事解説などの内容から、論文、研究ノート、書評を中心とした学術誌へと衣替えした。[41] 同誌「創刊の辞」で東畑は日本の大学においては東洋史の講座はあったもののアジア諸国の「地域研究」を欠いていたこと、戦前には「国策」が「東洋各地の純然たる学問的研究を抑制し覆おってしまっていた」ことを批判していた。[42]ここで言う地域研究とは、戦中から戦後にかけ、アメリカの対外戦略と結びついて発展したエリア・スタディーズ（area studies）の手法を指す。これは同じ時期に発展した国際関係論と相互補完的に、特定地域の専門家を育成し、政治、経済、社会、文化、歴史など複数の視点からその地域にアプローチするものである。アジア経済研究所も、研究対象としたのはアジアにとどまらず、アフリカや中南米も含む「世界各地域におけるいわゆる後進ないし低開発諸国」だった。

やはり、アジア諸地域との交流を掲げた団体として、戦前の東亜同文会を引き継ぐ形で、外務省主管の財団法人霞山《かざん》倶楽部が一九四八年に組織されている（一九五八年に霞山会と改称）。なお、上海の東亜同文書院関係者らが引き揚げ後に設立したのが愛知大学であり、こちらも戦後日本の現代中国研究の拠点の一つとなった。

この他、この時期にアメリカの地域研究や中国学から影響を受けた研究者に石川忠雄《いしかわただお》がいる。戦前に慶應義塾大学法学部で同時代の中華民国の法制や経済を研究した及川恒忠《おいかわつねただ》に学んだ石川は、中国共産党史および同時代の中華人民共和国の政治や外交を主な専門とした。その石川の『中国共産党史研究』（一九五九年）は、フェアバンクの学生であるベンジャミン・シュウォルツ（Benjamin I. Schwartz）の手法を参考に、中国共産党の成立から一九五〇年代までを、党内の路線闘争や、中ソ間の矛盾といった視点から実証的に分析した。[43]こうした手法はその後も慶應義塾大学法学部で引き継がれ、後述する山田辰雄《やまだたつお》の国民党史研究などにつながっていくこととなる。

ここで挙げた学会や研究所が「客観的で具象的な記述」「実証的研究」と対立する「政治的な立場や主張や議論の前面へ出たもの」「政治的偏見」として批判した対象はもちろん、研究と現実政治のつながりを強調したマルクス主義者たちである。ただこれに対しては当然ながら、完全に政治を離れた客観的な研究というものはあり得るのか、という反論が考えられる。そもそもアジア政経学会は「実際的要請に応え」ることを掲げていたし、アジア経済研究所の東畑も「国策」に基づく研究自体を否定してはいない。もっとも、当時は現代中国学会とアジア政経学会の双方に所属する研究者も少なくなく、両者の立場が截然と区別されていたわけではない。学問と政治の関係をめぐる立場の相違がより深刻な問題となるのは、次章に見る一九六〇年代である。

戦後初期の中国研究の特徴

戦後に再開された日本の中国研究は、前述のようにその性格に基づいて大きくいくつかに分類できる。

一つ目は東洋史学である。大学における東洋史学は、戦前からの連続性は確かに強かったものの、それでも新たに成立した中華人民共和国をどのように捉えるかという問題意識の下、研究の刷新が呼びかけられた。また、東洋史学の分野にもマルクス主義の影響は及んだが、それが最も強く表れたのが時代区分論争だった。そこでは、普遍的(=日本史と西洋史に共通する)発展法則が中国史に適用可能かが大きな争点となった。これは世界史の文脈で中国を捉え、停滞論を打破するという強い問題意識に基づいていたが、実証的な面では、ヨーロッパ社会の分析から抽出されたモデルを中国に当てはめるのは困難だった。思想史研究でも傾向は同様だった。この後、研究が精緻化すればするほど、中国と日本・西洋の違い、中国の特殊性が強調される傾向が強まることになる。

二つ目はマルクス主義に基づく中国研究である。中国研究所を中心とする戦前からのマルクス主義者たちは現代中国研究と中国史研究の一体化を目指した。中国研究所や歴史学研究会で開始された中国近代史研究が重視したのは中国停滞論の打破という課題であり、辛亥革命を発展段階上にどのように位置づけるかがまず論点となった。

独自の立場からこの両者を批判したのが竹内好である。竹内はやはり中国停滞論に与《くみ》するとして既存の東洋史学を批判しつつ、ソ連への従属という点で日本のマルクス主義者にも辛辣な批判を浴びせた。その竹内による、西洋近代への抵抗の中から中国の近代が生まれたという議論は、多分に中国との対比による日本論という色合いが濃かったものの、近代という価値と西洋に対する東洋の抵抗という要素を両立させ、丸山眞男や大塚久雄の近代主義に反感を持つ中国研究者に広く受け入れられた。こうした議論は一九六〇年代の竹内によるアジア主義の再評価にもつながっていく(44)。

三つ目は、アメリカの研究手法を導入した現状分析家たちである。アジア政経学会やアジア経済研究所は、研究と政治のつながりを重視したマルクス主義者を批判し、政治から離れた客観的研究を掲げて、欧米社会科学の手法に基づく東アジア・東南アジア研究を開始した。こうした研究の背景には、「戦後処理」と、これらアジアの「低開発諸国」に対する日本の貿易・経済関係拡大の必要性という実際的な関心の高まりもあった。

こうして戦後の一〇年余りの間に、以後の日本の中国研究に関わる代表的な立場や研究組織が出そろった。ただ異なる立場にあったとしても、人的な重なりが大きかったこと、程度の差こそあれ戦前への反省の意識を共有していたことなどから、この時点では相互の批判も抑制的だった。政治と学問という問題をめぐる対立が急進化し、日本の中国研究者の間に深刻な亀裂が走るのは次の時代である。

注

(1) 山本有造「「満洲」の終焉——抑留・引揚げ・残留」山本有造編著『「満洲」——記憶と歴史』京都大学学術出版会、二〇〇七年。

(2) 加藤陽子「敗者の帰還——中国からの復員・引揚問題の展開」『国際政治』第一〇九号、一九九五年五月。後、加藤陽子『戦争の論理——日露戦争から太平洋戦争まで』勁草書房、二〇〇五年、に収録。

(3) 石川禎浩『シリーズ中国近現代史③　革命とナショナリズム——一九二五—一九四五』岩波書店、二〇一〇年、二三三—二三六頁。

(4) 小谷汪之「戦後五〇年の歴史学——文献と解説」研究会「戦後派第一世代の歴史研究者は二一世紀に何をなすべきか」編集『シリーズ「二一世紀歴史学の創造」別巻Ⅰ　われわれの歴史と歴史学』有志舎、二〇一二年、三三五—三三六頁。

(5) 丸山眞男「超国家主義の論理と心理」『世界』第五号、一九四六年五月。後、丸山眞男『現代政治の思想と行動』上・下、未来社、一九五六—一九五七年、に収録。

(6) 大塚久雄『近代化の人間的基礎』白日書院、一九四八年、一〇頁。

(7) 森政稔『戦後「社会科学」の思想——丸山眞男から新保守主義まで』NHK出版、二〇二〇年、八一—九八頁。

(8) 岸本美緒「戦後中国史学の達成と課題・総論」『歴史評論』第八三七号、二〇二〇年一月。

(9) 前掲嵯峨『アジア主義と近代日中の思想的交錯』三四〇頁。

(10) 前掲並木「日本における中国近代史研究の動向」六頁、馬場公彦『戦後日本人の中国像――日本敗戦から文化大革命・日中復交まで』新曜社、二〇一〇年、八〇―八五頁。
(11) 前掲末廣「アジア調査の系譜」六一―六二頁。
(12) 中国農村慣行調査刊行会編『中国農村慣行調査』第一巻、岩波書店、一九五二年、一・九頁。
(13) 前掲末廣「アジア調査の系譜」三六―三八頁、伊藤一彦「日本の中国研究」野村浩一、山内一男、宇野重昭、小島晋治、竹内実、岡部達味編『岩波講座現代中国別巻二　現代中国研究案内』岩波書店、一九九〇年、六―九頁。
(14) 「中国の現状をどうみるか――シナ学者のこたえ」『世界』第四四号、一九四九年八月。
(15) 野沢豊「アジア近現代史研究の前進のために（下）」歴史科学協議会編、野沢豊編集解説『歴史科学大系一四　アジアの変革（下）』校倉書房、一九八〇年、三五三―三五四頁、前掲伊藤「日本の中国研究」一一頁など。
(16) 前掲末廣「アジア調査の系譜」三八―四四頁、前掲伊藤「日本の中国研究」九―一〇頁。
(17) 岩村三千夫「編輯後記」『中国評論』第一巻第一号、一九四六年六月。
(18) 岩村三千夫「中国の現状を理解する鍵――「世界」に現われたシナ学的見解の批判」『中国研究』第一〇号、一九四九年一一月。
(19) 前掲伊藤「日本の中国研究」一〇頁、前掲野沢「アジア近現代史研究の前進のために（下）」三五一―三五三頁。
(20) 前掲馬場『戦後日本人の中国像』八五―九二頁、前掲伊藤「日本の中国研究」九―一〇頁。
(21) 伊藤武雄、野原四郎、斎藤秋男、岩村三千夫「座談会　中研創立のころ」『中国研究月報』第三四四号、一九七六年一〇月、前掲伊藤「日本の中国研究」一四―一六頁。
(22) 「日本中国友好協会成立」『日本と中国』第六号、一九五〇年一一月一日、社団法人日中友好協会『日中友好運動五十年』編集委員会編『日中友好運動五十年』東方書店、二〇〇〇年。
(23) 野沢豊「辛亥革命の階級構成――四川暴動と商紳階級」『歴史学研究』第一五〇号、一九五一年三月。
(24) 東京教育大学文学部東洋史学研究室アジア史研究会・中国近代史部会編『中国近代化の社会構造――辛亥革命の史的位置』東京教育大学文学部東洋史学研究室アジア史研究会、一九六〇年。久保田文次「近代Ⅰ」山根幸夫編『中国史研究入門』下、増補改訂版、山川出版社、一九九五年、二一七―二一八頁。菊池

貴晴『中国民族運動の基本構造――対外ボイコットの研究』大安、一九六六年、同『現代中国革命の起源――辛亥革命の史的意義』巌南堂書店、一九七〇年、中村義『辛亥革命史研究』未来社、一九七九年、収録の諸論文も参照。

(25) 歴史科学協議会編、渡辺菊雄、梅田欽治編集解説『歴史科学大系三三　民科歴史部会資料集』校倉書房、一九九九年。

(26) 「綱領および会則の草案」『歴史学研究』第一二二号、一九四六年六月。

(27) 谷川道雄「総論」谷川道雄編著『戦後日本の中国史論争』河合文化教育研究所、一九九三年。

(28) 西嶋定生「中国古代社会の構造的特質に関する問題点――中国史の時代区分論争に寄せて」鈴木俊、西嶋定生編『中国史の時代区分』東京大学出版会、一九五七年。

(29) 野村浩一「中国近代史研究の手引きXIII　思想史」『大安』第五巻第五号、一九五九年五月。

(30) 島田虔次『中国に於ける近代思惟の挫折』筑摩書房、一九四九年、四・二九〇頁。

(31) 小島祐馬『中国の革命思想』弘文堂、一九五〇年、九頁。小島祐馬『中国共産党』弘文堂、一九五〇年、も参照。

(32) 竹内好、山口一郎、斎藤秋男、野原四郎『中国革命の思想――アヘン戦争から新中国まで』岩波書店、一九五三年、i－v頁。

(33) 丸山松幸「会の歩み」『中国近代思想史研究会会報』第一号、一九五九年一〇月。

(34) 竹内好「中国の近代と日本の近代――魯迅を手がかりとして」竹内好、吉川幸次郎、野原四郎、仁井田陞『東洋的社会倫理の性格』白日書院、一九四八年、八－一〇・二六頁。後、「近代とは何か（日本と中国の場合）」と改題して、竹内好『現代中国論』河出書房、一九五一年、などに収録。

(35) 前掲竹内「中国の近代と日本の近代」四五頁。

(36) 竹内好「中華人民共和国を解剖する」『思索』第二九号、一九四九年一二月。後、「新中国の精神」と改題して前掲竹内『現代中国論』などに収録。

(37) 竹内好「日本共産党に与う」『展望』第五二号、一九五〇年四月。後、「日本共産党論（その一）」と改題して竹内好『日本イデオロギイ』筑摩書房、一九五二年、などに収録。なお竹内が、中国研究所所長平野義太郎の「第二次大戦中の国策便乗」、そして数度の転向を経て「中共側の代弁者」となったことに対する批判を公にするのはかなり後になってからである。竹内好「アジア主義の展望」竹内好編集『現代日本

思想大系九　アジア主義』筑摩書房、一九六三年。後、「日本のアジア主義」と改題して竹内好『竹内好評論集三　日本とアジア』筑摩書房、一九六六年、などに収録。

(38) 「アジア政経学会記事」『アジア研究』第一巻第一号、一九五四年四月、前掲末廣「アジア調査の系譜」四一―四四頁、前掲伊藤「日本の中国研究」一七―一八頁。

(39) 「座談会　アジア政経学会の三〇年」『アジア研究』第三〇巻第三・四号、一九八三年一〇月。

(40) 市古宙三「編集後記」『近代中国研究』第一輯、一九五八年一月、市古宙三「近代中国研究と私」市古教授退官記念論叢編集委員会編『論集近代中国研究』山川出版社、一九八一年、六一九―六二〇頁、前掲東洋文庫編集『東洋文庫八十年史Ⅱ　寄稿と各論』八九―九〇頁。

(41) 前掲末廣「アジア調査の系譜」五一―五九頁。

(42) 東畑精一「創刊の辞」『アジア経済』第一巻第一号、一九六〇年五月。

(43) 小田英郎、山田辰雄、小此木政夫、国分良成「石川忠雄先生追悼座談会」慶應義塾大学法学研究会『法学研究』第八一巻第六号、二〇〇八年六月。

(44) 前掲竹内編集『現代日本思想大系九　アジア主義』。

第三章　学問と政治の緊張
——中ソ対立と文化大革命（一九五〇年代後半〜一九六〇年代）

「このように、どうもわれわれは、中国についての見そこないの歴史を重ねてきたように思われる。そうしていま再び文化大革命についても、見そこないが起こっていることはたいへん残念です。われわれは、文化大革命というものを非常に高く評価しなければいけないと考える。それは中国だけの特殊な問題ではないと思うからです。」（安藤彦太郎「文化大革命の経過とその意義」中国研究所編『中国のめざすもの——文化大革命の全体像』徳間書店、一九六七年、一二―一三頁）

関連年表

1955	4	第一回アジア・アフリカ会議開催。
1956	2	フルシチョフ、スターリン批判。
1958	5	大躍進政策はじまる（-1960）。 8 第二次台湾海峡危機。
	12	アジア経済研究所成立。
1959	3	チベット動乱おこる。
1960	1	新日米安全保障条約調印。反対運動おこる。
1962	7	アジア・フォード財団資金問題に関するシンポジウム。
	10	中印国境紛争おこる。キューバ危機おこる。
1963	6	中ソ論争、公然化。
1964	10	中国、核実験実施。
1965	2	アメリカ、北爆を開始。
1966	8	文化大革命はじまる（-1976）。
1968	5	全共闘運動はじまる。

1　「主体的」な中国研究を求めて

戦後日本と世界の変容

一九五〇年代半ば、戦後歴史学は一つの転換点を迎えた。

要因の一つは「国民的科学」の展開と挫折である。これはもともと民主主義科学者協会が提起した「国民的歴史学運動」運動を歴史学の分野で担う取り組みだった。しかしこの運動は結果として日本共産党が第五回全国協議会（一九五一年）で決定した革命路線に従属するものとなり、農村への文化工作（山村工作隊）という性格を強めていった上、その共産党が続く第六回全国協議会（一九五五年）で従前の路線を「極左冒険主義」の誤りだったと自己批判したことで運動の意義自体が否定されることになった。この事件は運動に関わった若手歴史学者たちの失望と共産党からの離反を招き、民主主義科学者協会自体もレッド・パージの影響や財政難から一部の部会・支部を除いて一九五六年に活動を停止した（京都支部歴史部会は存続。歴史部会会誌『歴史評論』も刊行を継続し、一九六七年以降は新設の歴史科学協議会の発行となる）。

もう一つは昭和史論争である。一九五五年に遠山茂樹《とおやましげき》、今井清一《いまいせいいち》、藤原彰《ふじわらあきら》の共著による岩波新書『昭和史』が刊行されると、手ごろな昭和の通史としてベストセラーになった。しかし翌年評論家の亀井勝一郎《かめいかついちろう》が同書を「人間不在の歴史」と強く批判、これに遠山が反論し、作家や哲学者、政治学者なども巻き込んだ大論争に発展した。問題は、同書の政治史の叙述方法に近代政治学の成果が反映されていないこと、中間層や知識人の描き方に難があること、そして何よりも「支配階級」に対抗する「国民の歴史」を描くとしつつ、実際には共産党との関係でしか「国民」の能動性を表現できなかったことにあったと指摘される。加えて当時の遠山らの反論が、マルクス主義歴史学に対する護教論的なものに終始したと見えたことも、若手歴史学者たちの失望を招いた。(1)

現実政治に目を転じると、一九五二年に独立を回復した日本は、中国大陸との正式国交が途絶え、韓国との国交交渉も滞る中、アメリカの対外戦略も背景に、新たに独立を果たした東南アジア諸国との関係構築に向かった。一九五五年の第一回アジア・アフリカ会議（バンドン会議）への参加は、日本のアジア復帰の象徴とも見なされた。戦前に満洲国の高官だった岸信介が一九五七年に首相になると、東南アジア諸国を歴訪し、生産物や役務の提供という形での賠償や経済協力協定を通じて同地域との経済的な結びつきを強めた。前章で述べたアジア経済研究所もこうした状況の中で設立されたものである。

東西冷戦下の世界も次第に変化しつつあった。スターリンの死後にソ連の指導者となったフルシチョフは一九五六年、スターリン時代の個人崇拝を批判し、西側との平和共存路線への転換を表明した。対米戦を不可避と見なしていた毛沢東はフルシチョフに反発し、同じ東側陣営に属しつつ、中ソ関係は次第に悪化に向かった。日本では学生運動家の間にスターリン批判への共鳴が広がり、日本共産党と一線を画す「新左翼」が生まれた。

戦後の日本と世界がふたたび変化を始める中で、日本の中国研究者たちの間でも立場の相違に起因する対立や論争が次第に激しさを増していった。

特にこの時期に中国史の分野で取り上げられた課題は大きく二つあった。一つ目は、現実の問題と自らの学問の関係をどのように位置づけるかをめぐる葛藤であり、日本で中国を研究する意味は何かという立場性への問いだった。二つ目は、ヨーロッパを基準とした「近代主義」的な歴史観への批判である。これは前章で見たように、マルクス主義の発展段階論を機械的にアジアに適用することに疑問が生じていたこととも関係する。この二つの課題を乗り越えることが、日本の「主体的」な中国研究を作り上げるために必要だとされたのである。

近代化論をめぐって

ソ連・中国との関係と並んで日本の研究者たちに大きな影響を及ぼしたのはアメリカとの関係だった。日本では一九六〇年、岸政権による日米安保条約の改定強行に対し、全日本学生自治会総連合（全学連）を中心とする大規模な反対運動が起きた。中国は安保改定を「軍国主義の復活」と批判し、「日本人民の日米軍事同盟条約反対闘争を断固として支持する」（『人民日報』一九六〇年五月一三日）とした。この事件は、学問と政治の関係に対する中国研究者の問題意識をいっそう深刻なものとした。最も先鋭的な反応は竹内好の東京都立大学辞職だったが、同じ問題意識が学問内部で表われたのが、大塚久雄やライシャワーに代表される近代化論に対する批判と、後述するアジア・

フォード財団資金問題だった。

アメリカでも戦前に中国に関する著述を発表していたのは宣教師、外交官、中国税関の「お雇い外国人」などで、中国近現代史の専門的な研究が始まるのは第二次世界大戦後である。そのアメリカの中国近現代史研究の代表者が、戦前に北京の清華大学に留学し、戦後はハーバード大学東アジア研究センター所長を長く務めたJ・K・フェアバンクである。フェアバンクと鄧嗣禹《とうしう》（Ssu-yü Teng）の共著『西洋に対する中国の反応』（*China's Response to the West: a Documentary Survey, 1839-1923*, 1954）は、近代中国に起きた一連の変化をアヘン戦争以来の「西洋の衝撃」（Western impact）に対する反応として説明した。

この「西洋の衝撃」論は、戦後にアメリカで生まれた近代化論と結びついていた。これは（ウィットフォーゲルの議論などと同様に）一九世紀以前の中国を停滞した社会と捉え、西洋化＝近代化のみがそれに変化・発展を生じさせ得たという考えである。代表的な研究として、フェアバンクの学生で思想史を専門としたジョセフ・レヴェンソン（Joseph Richmond Levenson、一九二〇－一九六九、カリフォルニア大学バークレー校）の『儒教的中国と近代におけるその運命』（*Confucian China and Its Modern Fate: the Problem of Intellectual Continuity*, 1958）などが挙げられる。(2)

これらの議論は、西洋との接触によってはじめて、それまで停滞していた中国に近代化、資本主義化の道が開かれたとするものだった。これは、中国も西洋と同じコースを通って資本主義への道を進んでいたが、西洋帝国主義によってその正常な発展を阻害されたとするマルクス・レーニン主義の立場とは明確に対立する。この背景には、アメリカで一九五〇年に始まったマッカーシズムの下、親中国的と見なされた研究や研究者が排除されていたという理由もあった。オーウェン・ラティモア、エドガー・スノー、アグネス・スメドレーといった戦前・戦中からの中国専門家やジャーナリストに加え、フェアバンク自身もこの時に迫害を受けていた。アメリカで一九五六年に成立したアジア研究協会（Association for Asian Studies, AAS。前身は一九四一年成立のFar Eastern Association）が学問の中立性を掲げ、現実政治と距離をとったのもそのためである。

安保問題後に駐日アメリカ大使として着任したE・O・ライシャワー（Edwin Oldfather Reischauer、一九一〇－一九九〇）はハーバード大学のフェアバンクの同僚で、著名な日本研究者でもあった。そのライシャワーは、日本の近代化（＝経済成長）の速度と、中国の近代化の緩慢さを対置し、その原因は日中の社会構造の違いにあると主張した。(3)

同じ時期には日本でも波多野善大（京都帝国大学文学部史学科卒、名古屋大学文学部）が「中国近代史に関する三つの問題」（一九五八年）や『中国近代工業史の研究』（一九六一年）で、日本で欧米近代の侵入以前に資本主義への発展の経済的傾斜があったのに対し中国にはそれがなかったとし、その近代化失敗の原因は、帝国主義の半植民地的支配などではなく、清の支配階級である官僚・読書人の近代思想への抵抗や、政治権力と地主・商業・高利貸しが癒着した社会経済体制など、中国社会の内在的要因にあったと主張した。(4)

こうした議論に対し、中国停滞論の打破を主張した日本の中国研究者たちの多くは批判的な態度をとった（後述）。

学問と政治をめぐって——アジア・フォード財団問題

この時期に起きたもう一つの大きな事件が、アジア・フォード財団（AF財団）問題である。これは一九六二年、アメリカのアジア財団・フォード財団が東洋文庫を受け入れ窓口として現代中国研究を目的とする多額の資金を提供することになったのに対し、研究の自律性・主体性への懸念という視点から批判が高まったものである。各地の中国研究者の間で連絡会議が作られ、また受け入れ側委員と反対派の双方が参加してシンポジウムが開かれるなど、この問題は当時幅広い関心を集めた。[5] 最終的には東洋文庫はフォード財団・アジア財団からの資金援助（それぞれ一九六六年・一九六九年まで）を受け入れ、史料の収集と公開、目録や研究成果の出版に使用した[6]（なお同じAF財団の資金援助で成立した研究機関に京都大学東南アジア研究センター〔現・京都大学東南アジア地域研究研究所〕がある）。

前述のように東洋文庫近代中国研究委員会は一九五〇年代にはロックフェラー財団の資金援助を得て活動していた。そのためAF財団資金の件が特に大きな問題となったのは、社会状況の変化とともに、当時の日本の研究者側の意識の変化によるところが大きい。

たとえば運動の中心人物だった小野信爾《おのしんじ》（一九三〇—、京都大学文学部東洋史学専攻卒）はAF財団資金の提供を「安保体制の中国研究版」と呼び、「文字通りのドル攻勢が学界を席捲し、関係のある人、ない人すべてにその態度決定を迫っている。俺には口がかゝらないのだろうからなどとすましいる人は自ら学界人としての責任を放棄するものである」[7]と主張した。中国を研究するにあたってどのような立場をとるかが問題とされ、それを一人一人の研究者が明確にすることが迫られたのである。なお小野は日中友好運動にも深く関わっており、一九六三年の第二次中国学術代表団招請運動（歴史学者では侯外廬《こうがいろ》と劉大年《りゅうだいねん》が来日）でも重要な役割を果たした。

同じ一九六二年に旗田巍（一九〇八―一九九四）が書いた「日本における東洋史学の伝統」は、この研究と政治的態度の問題について論じた代表的な文章として知られる。旗田は戦前の東洋史研究に対し、学問を現実・思想と切り離そうとしたことがかえって時局への追随を招いたとした。またヨーロッパ文明を基準とした「近代主義」がアジアへの蔑視感・優越感をもたらし、アジアの変革への認識を妨げたと批判した。そして「現実への注視、思想と学問との統一、歴史の体系的認識」を主張した。[8] 戦前の中国研究が学問と政治を切り離そうとしたことが問題だったとし、学問と政治は不可分であるとする論理は、マルクス主義に立つ研究者の間に広まった。これは前述のように、政治を離れた客観的な研究を掲げるアジア政経学会やアジア経済研究所の立場とは対立する考え方だった。中国古代史研究の上原淳道《うえはらただみち》（東京大学教養学部）も、非政治的な「純粋学術」はあり得ず、「学問研究者は、学問研究が必然的に帯びる政治性を客観的に認識し、その認識の上に立って、学問が政治に対してもつべき独自性・主体性を主張しなければならないであろう。今後の中国研究は、日本の国民に課せられた政治的課題を自己の課題とすることによって、すなわち、政治をさけず、政治に立向うことによって、逆に政治に対する独自性・主体性を確立しうるであろう」[9]と主張した。同じく古代史を専門とする増淵龍夫も、明治以来の日本のアカデミズム史学の「過去を過去として、いわば現実からきりはなされた「客観的」存在として、そこにおける因果関係を解明することを任務とする、狭い専門としての史学方法」、津田左右吉に代表される、西洋由来の「近代主義」に基づいて中国を遅れたものと見なす視角を否定し、「日本のそして自己の主体的な姿勢の樹立への努力なくしては、他国史の理解は不可能なのではないだろうか[10]」と問いかけた。

こうした当時の議論は、現実と学問の関係、明治以来の日本の「近代主義」への批判、西洋に対する抵抗の欠如や日本人としての主体性といった問題を重視する点で、前述した竹内好の議論とも強い親和性を持っていた。

変革の主体への関心

中国では毛沢東がソ連と異なる社会主義を目指して一九五八年に大躍進政策を開始していた。これは鉄鋼や農業生産の過大な成長目標を在来技術と大規模な民衆動員によって達成しようとするものだった。巨大な集団農場「人民公社」が各地に組織され、農業の集団化による生産拡大が図られた。結果は無残な失敗に終わり、経済の崩壊と膨大な餓死者を生んだ。しかし大躍進の実情は国外には隠蔽された。このため日本では専ら人民公社の成立を中国農村の変革と捉え、農民が中国社会に変革をもたらす主体となった過程を描き出そうという研究傾向が強まった[11]。

この変革の主体という問題に経済史研究から迫ったのが田中正俊（一九二二―二〇〇二、東京大学文学部）らだった。

中国停滞論の是非に関わる、アヘン戦争以前に「資本主義の萌芽」があったか否かという問題は、中国でも一九五〇年代以来論じられてきた[12]。日本でも西嶋定生が明末清初の江南農民の綿布生産を商品生産として把握し、停滞論的理解を批判したが、一方でその資本主義への発展については否定的だった。[13] これに対し、西嶋の研究を継承した佐伯有一《さえきゆういち》、田中正俊「十六・七世紀の中国農村製糸・絹織業」[14]（一九五五年）や田中正俊「明末清初江南農村手工業に関する一考察」[15]（一九六一年）は、こうした農村手工業は、家計補助的な性格を脱し得なかったとは言え、農業生産力の発展という背景や、手工業の農業からの分離の可能性を持っていたと評価した。また小山正明《おやままさあき》「清末中国における外国綿製品の流入」（一九六〇年）は、農村では耐久力のある土布《どふ》（国産綿布）が選好されたため外国綿布の流入は限定的であり、さらに輸入された外国綿糸を使用した土布生産の全国的な急増による競争の激化は、農家小経営からマニュファクチュアへの転換の契機となったとした。[16] これらの研究は、中国に独自の資本主義発展の可能性を見出そうとした点で、野沢豊らの研究などとも共通する問題意識を持っていた。以後、同様の問題意識に基づいて、明末清初から中華民国期にかけての社会経済史研究が盛んに行われるようになる。

この時期には日本史の分野からも同様の問題提起がなされていた。特に遠山茂樹は「東アジアの歴史像の検討」（一九六三年）で、インド・中国・日本の植民地化／資本主義化の分岐点が一八五〇―一八六〇年代だったとする芝原拓自《しばはらたくじ》の主張に反論し、日清戦争以前の段階では中国などにも資本主義化、絶対主義化の可能性があったとし、大久保《おおくぼ》（利通《としみち》）政権と洋務派の政策的共通性を強調した。これに対し芝原らは、范文瀾『中国近代史』などに基づき、洋務派は「官弁・官督商弁企業による封建地主軍閥の経済独占と不正利得であり、中国民族ブルジョアジーの成長を阻止し抑圧するものであった」として、その中国の資本主義発展における意義を完全に否定した。遠山の議論は従前の「世界史の基本法則」の再検討という性格を持っていたが、同時に東アジア諸国の近代化という視座に基づき、一国史と世界史を媒介する場としての地域史を構想するものでもあった。[17]ただ、変革主体の形成をめぐる議論が一国を単位としたものになりがちだったこともあり、遠山の提起した東アジア地域史論がこの後十分に展開されることはなかった。

同じ時期、狭間直樹《はざまなおき》（一九三七―、京都大学大学院文学研究科修了）は民主主義科学者協会京都支部歴史部会の『新しい歴史学のために』に「中国近代史における「資本のための隷農」の創出およびそれをめぐる農民斗争」（一九六四年）を発表し、清では資本主義が発達しなかったが、西洋帝国主義の侵略によって農民は「封建清朝および地主の支配下の隷農」のまま、つまり「自らは資本＝賃労働関係のうちに措定されないままに、〔西洋の〕資本主義のための原料供給者および商品購買者」とされ、帝国主義およびそれと癒着した封建主義（清朝）と対立することになったのが太平天国・義和団・辛亥革命であると主張した。[18]山下米子《やましたよねこ》「辛亥革命の時期の民衆運動」（一九六五年）などもこれに続いた。[19]これらは中国共産党の「半植民地・半封建社会」論を前提に、資本主義の発達しなかった中国では農民が変革の主体となったとし、それを理論的に根拠づけようとしたものだった。前述した、資本主義の発展というヨーロッパとの共通性をより重視する野沢らの立場に対し、狭間の議論は「中国のもつ歴史的な制約によって規定されていた」、「プロレタリアートがブルジョア革命をもあわせ遂行せねばならなかった」という「中国の特殊な近代化」を大前提としていた。[20]

こうした同時代の学界状況を研究姿勢という視点から整理したのが里井彦七郎《さといひこしちろう》（一九一七―一九七四、京都帝国大学文学部史学科卒、東京都立大学人文学部）だった。里井は、①近代化＝工業化＝資本主義化を基準に中国と西洋・日本を対比し、中国で近代化が遅れたとする波多野善大の議論（および市古宙三）を、帝国主義を免罪し、支配階級の動向のみを重視すると批判、また②辛亥革命に民族ブルジョアジーが果たした役割を重視する小山正明、鈴木智夫《すずきともお》、菊池貴晴、渡辺惇《わたなべあつし》、中村義、野沢豊らの議論を、同様に階級対立や帝国主義の侵略という要素を軽視していると批判し、③西欧的資本主義の発展を基準に中国の近代を捉えるべきでなく、帝国主義とそれに従属した支配階級に対する人民の闘争こそが歴史発展の動力であったとする狭間直樹や石田（山下）米子の議論を高く評価した。歴史に人民闘争が果たした役割を非常に大きく見るこうした歴史観が、直接間接に、毛沢東の進めた急進的社会主義路線や、同時代の日本の学生運動などから影響を受けたものだったことは否定できない。また、この分類が学問的論争による研究の深化よりも、線引きによって対立と分裂を助長したという批判も後になされた。ただ里井は狭間や石田の議論がプロレタリアート創出に関わる買辦官僚資本の展開過程に対する分析を欠いていることも指摘しており[21]、社会経済史的な階級分析と、人民闘争を重視する視点をどう整合するかが以後の研究の焦点となった。

さまざまな視角からの中国近代史

ただ、こうした階級や民衆運動とは異なる視点から中国近代史を研究する立場もあった。たとえば清末の反乱については戦後の早い段階から研究が開始されており、清代史研究者の増井《ますい》経夫《つねお》の『太平天国』（一九五一年）が、太平天国（一八五一―一八六四年）を「近代産業と啓蒙思想との両翼をもたない、生一本の農民運動」でありつつ「近代の目盛りを押しあげてゆく力」だったと評価した[22]。村松祐次も一九五〇年代前半に発表した義和団（一八九八―一九〇〇年）に関する諸論文で、近代ヨーロッパの武力・経済力による攪乱に対する中国人の「排外自存の心情」は、後の民族主義運動にも引き継がれたとしていた。(23)

これに対し市古宙三は、太平天国や義和団を中国革命の前身と位置づけることに異論を唱えた。また市古は、中国の強固な伝統社会に対して「西洋の衝撃」は必ずしも近代化をもたらさず、「郷《きょう》紳《しん》」に代表される伝統的な勢力を変形させつつ持続させたとした。そして辛亥革命を、外圧や流民に対する地方郷紳の対応と位置づける郷紳革命説を提起した。市古が竹内好のような「反近代の近代」の議論に与さず、義和団の反近代主義を否定的に捉えていた点も重要である。(24)

同じ東洋文庫近代中国研究委員会の佐々木正哉《ささきまさや》も、太平天国と同時期に起きた広東天地会の反乱（一八五四年）について、客民（他地域からの移住民）の相互扶助組織や「盗賊」、アヘン戦争終結後の「散勇」（解雇された兵士）、経済構造の変動にともなって失業した「輸送業者」「加工業者」など「流動的な無産者、或は貧民、下級労働者」が中心勢力となった政治意識の低いもので、革命の具体的プランを持っていなかったとした。(25) 京都大学の宮崎市定も同様に、太平天国は農民運動ではなく、アヘン戦争後の開港と商品流通ルートの変化によって失業した内陸の輸送業者・アヘン密売者が「流民」「秘密結社」化したものだったとする見方を示した。(26)

これらの議論は総じて清末以降の中国社会の変化よりも連続性を重視し、また西洋由来の概念の中国社会への適用に慎重だった。結果として中国社会を階級ではなく、より多様なカテゴリーで捉えているのも彼らの特徴である。

また、今堀誠二（一九一四―一九九二）は大塚久雄の『共同体の基礎理論』（一九五五年）に依拠して清末農村を分析し、小作農に対する寄生地主の支配の強化によって中国は自生的な近代化の可能性を失ったが、そうした封建的寄生地主とその背後にあった清朝を、半封建的半近代的地主＝ブルジョアジーが倒して「絶対主義」政権を樹立したのが辛亥革命であったとした[27]。横山英《よこやますぐる》（広島大学文学部）もこれに続いた[28]。

ただこの時期には、前述の里井のように、こうした議論を帝国主義の中国侵略を免罪するもの、あるいは辛亥革命の革命性を否定するものとして批判する向きも強かった[29]。歴史研究ではなく現状分析から、こうした日本の中国研究の傾向自体を批判したのが中嶋嶺雄《なかじまみねお》（一九三六―二〇一三、東京大学大学院）である。中嶋は『現代中国論――イデオロギーと政治の内的考察』（一九六四年）で、「わが国に固有の対中国シンパシーという非合理的・情緒的モメントを媒介して中国を見ようとする通念は、いまや是正されなければならない」と主張して、毛沢東思想の形成過程やその内容を批判的に検討した。そしてヨーロッパと異なる中国の社会的条件や実践第一主義・経験主義・陰陽二元論的思考・道徳主義・民族主義の結果、「今日の中国に見られるイデオロギーは、マルクス主義本来の思想との著しい断絶を示している」「中国では、マルクス主義をその豊かな「人間主義」の系譜において受容することはついになく、これにかわって、倫理・道徳主義的な人民概念や大衆理念がこの国の伝

中嶋嶺雄

統意識に接ぎ木されたまま保持されてきた」「個人主義的意識の欠如が逆に各個人の内面的小世界の集合としての統一性となってあらわれてきた中国文明の特殊性は、現在でも、個人の解放を集団や国家への献身と忠誠とに置きかえることによって保持されている」「民族主義はそれ自体、中国の歴史と伝統そのもののなかに生成の基礎をもつものであるがゆえに、中国におけるマルクス主義の未成熟な受容は、マルクス主義が本来、そのインタナショナリズムにおいて超克すべき民族主義を、今日まで原初形態のまま保持させてきた」と厳しく指摘した。[30] 政治と学問の分離、「客観的」観察の重視はこれまでもアジア政経学会やアジア経済研究所の主張として見てきたが、マルクス主義に立つ日本の中国研究者に対する中嶋の批判はより直接的である。また中嶋はスターリン主義と毛沢東思想を共にマルクス主義の歪曲として批判したが、これは後の文革に際しても、それを批判的に捉える視点をもたらした。

中国近代思想史研究の展開

この時期には、中国近代思想史研究もさらなる展開を見せていた。

小野川秀美（一九〇九―一九八〇）は京都帝国大学文学部史学科を卒業後、東方文化研究所を経て戦後は京都大学人文科学研究所に勤めた。小野川はもともと羽田亨の下で塞外史を学んでおり、小島祐馬らの影響で戦後に政治思想史の研究に転じた。その小野川が一九五〇年代に発表した諸論考をまとめた『清末政治思想研究』（一九六〇年）は、実証主義的な手法に基づき、魏源《ぎげん》、馮桂芬《ふうけいふん》、薛福成《せつふくせい》、王韜、李鴻章《りこうしょう》、曽紀沢《そうきたく》、湯震《とうしん》、陳虬《ちんきゅう》、鄭観応《ていかんおう》、陳熾《ちんし》、康有為《こうゆうい》、譚嗣同、梁啓超、唐才常《とうさいじょう》、

野村浩一

厳復《げんふく》、章炳麟、劉《りゅう》師培《しばい》らの思想を、清末の歴史の展開の中に位置づけて論じた。小野川は同書の「序」で清末の政治思想の展開を、近代西洋思想に対する反発と受容の度合いを基準として洋務論・変法論・革命論の三段階に区分する見方を示したが、この三段階論は以後ほぼ通説と見なされるほどの強い影響力を持った(31)。

また東京大学法学部で丸山眞男に学んだ野村浩一（一九三〇―二〇二〇、立教大学法学部）は、「清末公羊学派の形成と康有為学の歴史的意義」（一九五七―一九五八年）で、「持続の帝国」の下でも「恭順原理を根幹とする儒教」は自己分裂を進めていたが、そこから「西洋的な近代化の道」は全く閉ざされていた。そこに決定的な一撃を与えたのが「西洋の衝撃」であり、儒教の「西洋思想との激烈なる対抗の中にのみ、中国の近代思想が生み出されて」きたとした(32)。ここまでに見た中国における「資本主義の萌芽」をめぐる議論と似た論理と言える。

後に同論文を収録した『近代中国の政治と思想』（一九六四年）を刊行した際、野村は「あとがき」で「たしかに中国の近代史は、いわゆる「近代化」の試みが、強固な封建反動勢力およびそれと結びついた外国帝国主義勢力によって、ことごとに無意味に化せられて行く歴史にほかならなかった。そしてまた、やがて中国共産党に指導される勢力は、むしろこうした方向を見限り、あるいはそれと対抗することによってはじめて、中国史上に新たな地平線を切り開き得たのである。この意味では、中国の「近代」は、いわば「反近代」の中にしか「近代」を探り得ないような種類のものであるとすらいえるかも知れない」と述べている。西洋近代への対抗こそが中国の近代だという発想は竹内好のそれと近い。普遍的な範疇を用いつつ「中国近代の思想的展開の独自性あるいは特殊性を検証したい」という関心があったとしているのも、竹内らの著した前述の『中国革命の思想』と同じである。(33) 実際に野村はこの時期、竹内らの「日本のなかの中国」研究会（一九六〇―一九六三年）及び後身の「中国の会」（一九六三―一九七三年）の活動にも参加している（他の主な会員は安藤彦太郎、飯倉照平《いいくらしょうへい》、今井清一、尾崎秀樹《おざきほつき》（秀実の弟）、新島淳良、野原四郎、橋川文三《はしかわぶんぞう》、藤田省三《ふじたしょうぞう》、光岡玄《みつおかげん》、矢沢康祐《やざわこうすけ》、山田豪一《やまだごういち》、京谷秀夫《きょうやひでお》、今村与志雄《いまむらよしお》ら(34)）。

同じ時期に中国近代思想史の通史として刊行されたのが、西順蔵、野原四郎、荒松雄《あらまつお》、中岡三益《なかおかさんえき》、旗田巍、幼方直吉の編になる『講座近代アジア思想史一中国篇一』（一九六〇年）である。西順蔵（一九一四―一九八四）は東京帝国大学文学部支那哲学支那文学科を卒業後、京城帝国大学法文学部を経て戦後は一橋大学社会学部で研究・教育に従事した。宋学がもともとの専門だったが、一九五三年に『現代中国』に「中国の「実践論」「矛盾論」について」を掲載し、以後、毛沢東思想、同時代の日中関係やアジアに関する文章も数多く発表している。西は前述のAF財団問題に関しても積極的な発言を行っていた。『講座近代アジア思想史一　中国篇一』の巻末に「補論」として置かれた西の論文「中国近代思想のなかの人民概念」は、中国の近代思想における人民概念は「旧き天下の人民の思想と連続している」とし、たとえば孫文の国民主義においても「民族国家の国民とは、本質は天下の人民であるものの歴史条件的形態であ」り、それは「「近代」の衝撃によって中国の内部に生れた「近代」反対物である」とした。(35)

西から影響を受けた近代中国思想・文学研究者は多い。このため中国の近代の普遍性よりも特殊性を重視し、中国の「反近代の近代」性を評価する傾向は、日本の中国近代思想史研究に大きな影響を及ぼした。たとえば高田淳（東京女子大学）が一九六〇年代の論考を元にまとめた『中国の近代と儒教』（一九七〇年）でも、儒教から「見事なる」脱却を遂げた日本と、儒教と近代西洋との間で長い抵抗の苦しみを強いられたが故に最後には真の近代化を成し遂げた中国という対比が基本構図となっている。

西順蔵

それ〔中国の儒教〕は一つの文明の体系なのであり、自らの固有な形態を必然的なものとして形成してきたものである。その点で、中国の場合、古くなったからといって日本のようにとり換えることができなかったのであり、自らの五体を解体させることなしに、自らが他になることはできなかったのである。……

近代の資本主義と帝国主義の世界的膨張に対する中国の抵抗は、中国という国家・民族と文明・

思想の自己保存と自己崩壊との様々な形態と段階を踏んで行なわれた。……

中国思想の長い展開の中から、その伝統に自らが貫ぬかれながら自己変革をなし遂げた、その断絶と転生の契機を、それぞれの場合に即して見定めたいというのが、この小論の目的の一つである。[36]

清末以外で思想史研究の関心が集まったのは、「新民主主義革命」の発端とされた五四運動の時期だった。特に研究が集中したのが中国共産党の創設者の一人である李大釗のマルクス主義受容の過程で、丸山松幸「アジア・ナショナリズムの一原型——李大釗のアジア論について」(一九六〇年)、野原四郎「アナーキストと五四運動」(一九六〇年)、西順蔵「李大釗」(一九六一年)、野村浩一「「五四」時代のナショナルな思考——李大釗について」(一九六二年)、野村浩一「近代中国の思想家——李大釗とマルクス」(一九六三年)、近藤邦康「「民国」と李大釗の位置——辛亥革命から五四運動へ」(一九六四年)などが挙げられる。これらの研究においても、李大釗のマルクス主義理解が中国の現実や思想的伝統と結びついた独特のものだったことは、総じて肯定的に評価された。[37]

2 文化大革命と日本の中国研究

国際社会の緊張と文革の開始

日本の中国研究者の間に安保問題やAF財団問題をめぐる議論が広まった背景には、国際社会における緊張の高まりがあった。

一九五八年には台湾（中華民国）側が統治する福建省の金門島を人民解放軍が砲撃し、アメリカ艦隊が戦闘態勢に入るという第二次台湾海峡危機が起きた（第一次は一九五四―一九五五年）。

一九五九年にチベットで大規模な独立運動が起きると、中国政府は武力弾圧で対抗した。このためダライ・ラマ一四世がインドに亡命してチベット臨時政府を組織すると、中印関係も急速に悪化し、一九六二年には国境問題をめぐって大規模な軍事衝突が起きた。同時期に起きたキューバ危機によって米ソ間の緊張も高まった。

一九六三年には中ソ対立は公開論争に発展し、中国はソ連を「修正主義」「社会帝国主義」と罵ったが、東側諸国のほとんどはソ連を支持する立場を取った。一九六四年には中国が原爆実験を実施し核保有国となった。一九六五年にはアメリカが北爆を開始し、ベトナム戦争が激化した。

米ソの対立を軸とする東西冷戦に加え、中国とソ連やインドの関係が急速に悪化したことは、日本の中国研究者の間に深刻な混乱と亀裂を生んだ。それを決定的なものとしたのが、一九六六年の中国共産党と日本共産党の決裂、そしてその直後に始まった文化大革命である。

中国では大躍進の失敗後、毛沢東に代わって国家主席となった劉少奇《りゅうしょうき》の下、部分的な市場経済の復活や西欧・日本との関係改善による投資の受け入れといった調整政策が実施された。毛沢東がこれに反発して起こしたのが「プロレタリア文化大革命」である。全国の学校に「紅衛兵」という学生組織が作られ、劉少奇や鄧小平《とうしょうへい》ら党内多数派を「資本主義の道を歩む実権派」と批判するキャンペーンが展開された。急進化した紅衛兵は、毛沢東の権威を盾に、封建的・資本主義的と見なされた事物を徹底的に破壊し、権威的と見なされた知識人や党幹部を集会に引き出して身体的・精神的迫害を加えた。紅衛兵内でも派閥抗争や武力衝突がくりかえされた。社会の混乱は極まり、経済もふたたび打撃を受けた。

文革は現在は一般にこのように毛沢東の極端な革命思想と、中国共産党内部の権力闘争や路線対立、そして人口急増と経済低迷で失業状態にあった若者世代の不満の爆発、といった視点から説明される。

しかし当時は中国に駐在する外国報道機関もあったものの厳しい取材制限が課されていたため、国外に伝えられる文革の情報は極めて限定的かつ一面的なものとなった。そのため日本の中国研究者たちはそのわずかな情報を元に、文革とは何か、文革を支持するか否か、という態度決定を迫られることになった。これは政治から離れた学問はないとするこれまでの議論の一つの帰結でもあった。「文革評価は「実事求是」より大げさにいえばそれまでの学問・体験をかけての判断力の行使という面を色濃くもっていた[38]」とされる所以である。

文革支持の論理

中国革命を支持する立場をとってきた研究者の多くはその延長線上で文革にも好意的な解釈を下した。しかし、自らがこれまで依拠してきた理論やイデオロギーに照らして文革に疑問を抱く研究者もあった。マルクス主義者の間でも、文革をマルクス主義の中国における新たな発展として評価するか、それとも毛沢東によるマルクス主義の歪曲として批判するかをめぐり立場が分かれた。

文革を支持したのは、主にマルクス主義に立ちつつ、ソ連や日本共産党に批判的な研究者や学生だったが、実存主義者などの非マルクス主義者も加わっていた。中国に親近感を抱く研究者で日本共産党員だった者の間には離党の動きも広まった。日中友好協会でも、日本共産党系会員と中国共産党支持派との間で分裂が起き、後者の会員たちが脱退して「日中友好協会（正統）」を組織した。中国研究所でも、日本共産党系の平野義太郎理事長が辞任し（後に尾崎庄太郎らとともに除名）、文革支持派の安藤彦太郎（一九一七－二〇〇九）らが活動の中心を担うようになった。一九六七年に文革を支持する中国人学生と日中友好協会が対峙した善隣学生会館事件が起きると、中国共産党が日本共産党を強く非難し、中国研究所、日中友好協会（正統）など親中派諸団体も日本共産党への抗議声明を出した。これに対し日本共産党側も機関紙誌で反論して激しい非難の応酬になった[39]。

安藤彦太郎

文革支持派の多くは、文化大革命をスターリン式の官僚的な社会主義や、現代社会の抱えるさまざまな問題を乗り越えるものと見なした。文革は中国に対する日本社会の関心を急激に高めたが、その中で特に積極的に文革を支持する言論を発表したことで知られるのが安藤彦太郎である。安藤は偶然一九六四年から二年間北京に滞在しており、文革初期の見聞を日本に紹介し、帰国後にそれを『中国通信』（一九六六年）にまとめた。ただその内容は概ね中国共産党の見解に沿うものだった。

ソ連が、革命後四〇年にして、修正主義におちついた、ということにたいして、中国は、修正主義への危機感を、つねに有している。そこで、理想の社会をつくるために、思想改造をふくむ「文化大革命」を徹底的におしすすめようとしているわけだが、これは、意識を存在にかえてゆく、いとなみといってよいだろう。いずれにしても、中国は、これまで人類が経験したことのないことを、これからやってゆこうとしている。それはまさに壮大な実験というべきである。(40)

安藤彦太郎『プロレタリア文化大革命』（一九六七年、執筆者は安藤彦太郎、藤村俊郎《ふじむらとしろう》、山田豪一、石田米子、棗《なつめ》田《だ》金治《きんじ》、加藤祐三《かとうゆうぞう》）、中国研究所編『中国のめざすもの——文化大革命の全体像』（一九六七年、執筆者は安藤彦太郎、新島淳良、岩村三千夫、菊地昌典《きくちまさのり》、福島正夫、山下竜三《やましたりゅうぞう》、菅沼正久《すがぬままさひさ》）など文革本が続々と刊行され、中国研究以外の総合雑誌でも数多くの文革特集や座談会が組まれた。

またこの時期には、従来の地方行政機関に代えて新設された「革命委員会」の観察から、中国が「国家ならざる国家、コンミューン国家」に変容し「国家の死滅」への一歩を踏み出したとした山《やま》田《だ》慶児《けいじ》のように、文革に自らの理想を投影する「コミューン国家論」が展開された。(41)この種の論者で最も有名なのは中国文学研究者の新島淳良（一九二八―二〇〇二、早稲田大学政経学部・中国研究所）であろう。

官僚制の廃止、すべての幹部が一般労働者なみの賃金で働くこと、「官にもなれば民衆にもなる」工作人員、大衆の監督のもとにおこなわれる整党、公安・検察・法院の権限の大衆への移管、法制化された勤労者収奪手段の廃止、労働の強制的性格の消滅、教育が特権への道ではなくなる、等々の社会の変化は、すべてマルクス・レーニンが予想したコミューン化をめざしている。

しかし、このコミューン化は資本主義勢力、とくに個人の内部の「私」の思想のはげしい抵抗にであう。それをうちやぶるのが、上部構造としてのプロレタリア独裁国家である。社会のコミューン化とプロレタリア独裁の強化は相関相補関係にある。これが科学的共産主義＝マルクス主義の本来の姿ではなかったか(42)。

新島淳良

新島は、国家の中にプロレタリアートの主導によるコミューンができ、そのコミューンが国家を破壊していくというコミューン国家論の視点から文革を評価した。それは現代社会の抱える管理社会化という問題を解決するものであり、それこそがマルクス主義の本来のあり方だとしたのである。しかし後に新島自身が認めたように、プロレタリア独裁の強化が社会のコミューン化をもたらすというのは倒錯した議論だったと言わざるを得ない。新島がこの後中国の非公開資料を『毛沢東最高指示』（一九七〇年）として出版したことで中国関係諸団体から排除され、後に大学も辞職、その後全財産を寄付して山岸会に所属するといった後半生を送ったことはよく知られる。(43)

また一九七一年に中国を訪れた野村浩一は、文革を中国の自然的・歴史的条件に由来する特異性という点から高く評価した。

私の見る限り、中国社会の新たな建設の在り方は、その本質において、また形態において、きわめて特異な性格をもって遂行されつつあるように思われる。先にもふれたように、「大躍進」——人民公社は、中国における革命戦争を遂行してきた権力形態を、社会主義建設の中に貫徹しようとする志向をひめていた。……それは、一方では、たしかに中国の歴史的、政治的風土に由来するものである。……

むろん、こうはいったからとて、私はいたずらにその特異性のみを強調しようとしているのではない。そこには、現代世界に生きる国として、われわれとともに共有する様々の問題が存在している。だが、少くとも文化大革命をへて、現代中国は、その固有の質をますます明瞭に定着させたのであり、かつ現代世界全体に対する強烈な問いを提起したのである。そしてそれをトータルに象徴するものとして、まさに毛沢東思想が存在している。(44)

このように、現代世界（＝日本と西洋）に対する中国の特殊性や固有の性質を強調し肯定する見方が、毛沢東思想や文化大革命を中国独自の発展の結果と評価する認識に帰結しがちであったことは否めない。

文革否定の論理

こうした文革支持の議論に対しては、さまざまな立場から批判の声も上がった。日本共産党の立場からの代表的な文革批判の一つは中西功(一九一〇―一九七三)のものである。中西は自らの体験も踏まえて戦前からの中国共産党の活動とそれに対する公式見解を取り上げ、毛沢東思想に対する全面的な批判を行った。

マルクス=レーニン主義には全世界につうじる普遍的な原則(一般性)と、各国の特殊的情勢から生まれた特殊的な原則とがある。中国の新民主主義革命は、中国特有の理論的ないくつかの諸原則を明らかにした。それは、世界のマルクス=レーニン主義にたいする中共の大きい貢献であった。しかし、それらは普遍的なマルクス=レーニン主義の一般的な真理の一部分であって、その特殊性を強調し、それを一般化し、普遍的な一般原則と対置し、一般原則を国境や民族によって分割し、「中国のマルクス主義」「中国の共産主義」と称するのは、民族主義的態度であり、マルクス=レーニン主義の普遍性を否定するものである。[45]

中西は、マルクス・レーニン主義の普遍性を強調し、中国革命の特殊性の強調をそれを歪めるも

丸山昇

のと批判した。これは「世界史の基本法則」からスタートしつつ一貫してそこから遠ざかり、中国の特殊性の強調へと傾いていった戦後日本の中国史研究全体に向けた批判とも言えた。また毛沢東思想をマルクス主義の歪曲、民族主義的と批判する中西の主張は、基本的な論理において中嶋嶺雄のそれとも共通していた。

　中国文学研究の分野でも文革を好意的に評価する者は多かった。その中で日本共産党の立場から日本の文革支持派を批判したのが丸山昇（一九三一―二〇〇六、東京大学文学部）だった。丸山は平井徹の筆名で日本共産党機関誌『前衛』に「「文革」賛美論のイデオロギー的性格」（一九六九年）を発表し、菊地昌典、藤村俊郎、新島淳良、竹内芳郎《たけうちよしろう》、高橋和巳《たかはしかずみ》、山田慶児らの文革論を批判した。丸山は「それらに共通する特徴は、その論じている対象である「文化大革命」そのものの内容規定がきわめて曖昧なことである。そして、このかんじんの内容規定を曖昧にしたままで、それぞれ、恣意的な現象に注目して、それを「文革」にたいする支持・賛美の理由としている」として、それらが管理社会批判など、中国自体から離れた文脈からなされているとした(46)。

　この他、文学研究者では竹内実《たけうちみのる》（一九二三―二〇一三、京都大学文学部中国文学科卒、東京都立大学人文学部）が文革を「歴史と骨がらみになった「旧」が、いかに強靭な生命力をもつものであるかを、まざまざと見せた」「ふたたび旧中国の愚行が、ほかならぬプロレタリアートの名において実演・再演された」と、旧中国との連続性という視点から批判した。

現状分析家の間では、早い段階から文革を権力闘争や政策をめぐる対立とする見方が力を持った。加えて中嶋嶺雄はむしろ毛沢東思想にスターリン主義の強い影響を見出しており、その個人崇拝や、コミューンとは正反対の「兵営国家」的性格を批判した(47)。

今日の中国では、党権力＝国家権力の行使が政治生活における民主主義の制度的保証によって十分にチェックされ、あるいは浄化されるということのないままつねに前提されているということである。

竹内実

全国人民代表大会は一応、規定どおりではないにせよ開催されているが、実質的には国家権力そのものであるといえる中国共産党自身は、これまで、党大会、党中央委員会総会を党規約をほとんど無視して未開催ないしは長期延期のままその権力を行使してきている。そこでは「毛沢東思想」の不可侵性と無謬性とによって、そしてまた中国共産党の倫理的・道徳主義的な体質によって恣意的に家父長化した党権力によ

る官僚的リーダーシップが貫徹している……(48)

衛藤瀋吉

また、植田捷雄の下で学んだ衛藤瀋吉（一九二三—二〇〇七、東京大学教養学部）とその学生の岡部《おかべ》達味《たつみ》（東京大学大学院社会科学研究科国際関係論専攻修了、東京都立大学法学部）は、「中国革命における穏歩と急進」（一九六七年）で、中華人民共和国成立から文革に至る政治過程を、劉少奇・鄧小平ら「穏歩」派と毛沢東・林彪《りんぴょう》ら「急進」派の間での政策の揺れ動きと捉え、文革を「社会主義化の速度と手順とをめぐって党内にあった政策論争が、時の経過とともに派閥的政治闘争にまで激化し、小鳴放、中ソ関係、ベトナム戦争などがもたらした危機感に刺戟されて表面化したもの」とした。衛藤・岡部は、アメリカの侵攻可能性という国際環境への中共指導部の認識が現在の急進化に関わっており、国際認識の変化によってふたたび穏歩化する可能性があるとした(49)。

文革が日本社会の広い関心を集めたことで、同時代中国について発言することの少ない東洋史学者たちまでがコメントを求められる事態になった。『中央公論』に掲載された宮崎市定、貝塚茂樹、岩村《いわむら》忍《しのぶ》（京都大学人文科学研究所）、三田村《みたむら》泰助《たいすけ》（京都帝国大学文学部史学科卒、立命館大学文学部）の座談会は、現代中国研究者やジャーナリストの文革をめぐる議論は「一九四九年をもって、いささか太すぎる一線を画している」として中国の歴史的連続性を強調した。この中で三田村は「毛政権は、いままでの歴史からはみ出して、もう私たちのやってきた東洋史ではあかんと思ってましたら（笑）、ようやくこのごろ何か、シナ型になってきました。その先例が何かないかと思って考えたら、いまの毛主席と明の太祖はよう似ているんですね」として、毛沢東を王朝の創始者に、文革をその後継者争いに見立てた。[50]宮崎市定も歴史的連続性を強調し、劉少奇ら「実権派」が伝統中国における官僚と同様に腐敗したため、それに対する不満が蓄積して文化大革命が起きたという解釈を示した。[51]

農民運動史研究のピーク

文学、思想、東洋史学などに対し、中国近現代史研究者は一般のメディア上での発言は少なかった。もちろん中国近現代史研究者の間でも、文革の支持・不支持をめぐる対立は激しかった。ただその対立は、引き続き清末から辛亥革命にかけての変革の主体をめぐる論争として現れた。

小島晋治《こじましんじ》（東京大学教養学部）は太平天国をアヘン密貿易者によるものとする前述の宮崎市定の見方を批判し、アヘン輸入の増大による銀価高騰や重税によって急増した抗租・抗糧（小作料・土地税の支払い拒否）といった農民闘争が太平天国を支えたと主張した。[52]また里井彦七郎は義和団を暴徒とする見方（市古宙三、波多野善大）と単純な農民運動とする見方（中国共産党）をともに否定し、厳密な階級分析の視点から、帝国主義・買辦の支配強化の下で失業した都市手工業者＝半プロレタリア層が義和団の中心的構成員であり、そこに窮乏化した農民が結集し、また反帝国主義・反買辦という点で中小在地地主層と統一行動をとったものとした。[53]

この時期には清末の農村の実態に迫ろうという研究も進められた。村松祐次は一九六〇年代半ば、蘇州の小作料代理徴収機関である「租桟《そさん》」の文書を利用して、江南農村の地主経営の実態に迫ろうとする諸論考を発表し、後にそれらをまとめて『近代江南の租桟』（一九七〇年）として刊行した。[54]

また野沢豊ら東京教育大学アジア史研究会の『近代中国農村社会史研究』（一九六七年）に掲載された小島淑男《こじまよしお》、鈴木智夫、小林一美《こばやしかずみ》、久保田文次《くぼたぶんじ》らの論文は、農民運動の前提として、農村における商品生産の発展、農民の地位の一定の向上を強調した。[55] これは清末・中華民国期の資本主義発展を重視する野沢らの問題意識を反映したものだった。小島晋治「中国近・現代史研究の視点と方法をめぐる論争によせて」（一九六八年）は、こうしたプロレタリアート創出の前提としての中国内部のブルジョア的発展を重視する研究と、反帝国主義の人民闘争史研究に共通の場を設定する必要性を主張した。[56]

この課題に一定の結論を出したのは田中正俊だった。田中は「アジア社会停滞論批判の方法論的反省」「西欧資本主義と旧中国社会の解体」（いずれも一九六七年）で、狭間直樹の提起した「資本のための隷農」という概念と、内発的発展論の理論的統合を試みた。田中は一定の商品生産の発展を前提として、農村手工業が西洋資本に解体されていく中で抵抗と変革を担う主体が形成されてくると主張した。[57]

さらに田中「中国社会の解体とアヘン戦争」（一九七一年）は、一九世紀のイギリスによる資本主義世界市場の形成によって「人類の歴史は、はじめて、諸国史・諸地域史が全体世界のなかで相互規定的に連関しあうひとつの世界史＝近代世界史を構成してゆく」としつつ、「しからば、中国の

「近代」は、近代西欧列強の衝撃《イムパクト》といわれる国外的条件によって、まったく他律的＝外因的に成立したのであろうか？」という問いを発し、「ミッチェル報告書」から中国の農民経営の「解体と抵抗」を読み取ろうとした。

中国史において「近代」と呼ばれるものは、アヘン戦争＝南京条約以前にすでに自生的・内発的に発展＝解体過程を歩みつつあった旧中国社会が、アヘン戦争以後、西欧近代資本主義の侵入による解体という近代世界史的な国際的契機との同時進行的な連関のなかにおいて、みずからの発展＝解体を媒介としつつこれに抵抗し、またこの抵抗を媒介としつつ、さらにみずからを変革＝解体し、したがってその成果として、主体形成——新たな主体の自己創出——を推進する過程にほかならないであろう(58)〔傍点は原文〕。

これは当時の清末民衆運動・社会経済史研究がたどりついた一つの結論と言えた(59)。

次の時代の研究へ向けて

こうした議論の緻密化の背景には、中国近現代史研究に利用可能な史料が次第に増加していたという事情もあった。

清末の革命派の機関誌『民報』（一九〇五―一九一〇年）が一九五七年に中国で復刻されると、小野川秀美の下、天野元之助、小野信爾、島田虔次、北村敬直《きたむらひろなお》、岩見宏《いわみひろし》、小野和子《おのかずこ》らが参加して京都大学人文科学研究所で会読（読書会）が始められた。同会は一九六六年に正式に人文研の中国近代史研究班（班長は島田虔次、後に小野川秀美）となり、研究発表が活動の中心となった。研究班は一九六九年の学園紛争の影響による中断をはさみつつ、一九七三年まで継続された。前述した以外の主な班員には、寺広映雄《てらひろてるお》、河田悌一《かわたていいち》、森時彦《もりときひこ》、北山康夫《きたやまやすお》、松本英紀《まつもとひでき》、狭間直樹、副島圓照《そえじまえんしょう》（昭《しょう》一《いち》）、菅野正《すがのただし》、姜在彦《カンジェオン》、守川正道《もりかわまさみち》らがいる。同研究班は『民報』を中心とする中国近代史関連史料を翻訳・編集し、島田虔次『中国革命の先駆者たち』（一九六五年）、島田虔次、小野信爾編『辛亥革命の思想』（一九六八年）、小野川秀美編『孫文・毛沢東』（一九六九年）、西順蔵、島田虔次編訳『清末民国初政治評論集』（一九七一年）として次々と刊行した。[60] 京都大学の所蔵する豊富な史料を用いた研究は、その実証性の高さで他を圧倒した。

一九六三年に中国共産党の初期機関誌『嚮導《きょうどう》』（一九二〇―一九二九年）が復刻されると、翌一九六四年から東京教育大学の野沢豊らがその読書会を始めた。初期の参加者は姫田光義《ひめたみつよし》、栃木利夫《とちぎとしお》、今井駿《いまいしゅん》、小杉修二《こすぎしゅうじ》、笠原十九司《かさはらとくし》、三谷孝《みたにたかし》らで、後に東京大学大学院の古厩忠夫《ふるまやただお》らが加わった。[61] この読書会が後に「中国現代史研究会」となり、国民革命を中心に研究を進めた。野沢は同読書会の内容を元にした「中国における統一戦線の形成過程」（一九六四年）で、国民革命期の国民会議促進運動に着目し、これを労働者、農民、知識人、学生、商人などを含む広汎な勢力の統一戦線組織の試みとして高く評価した。[62] 中国革命におけるブルジョアジーの役割を重視するのは野沢の従来からの見方だったが、それまで清末・辛亥革命に集中していた研究の範囲をさらに新しい時代にまで拡大する「現代史」の試みは、以後の研究の先駆として重要な意味を持った。

他にも野沢らは一九六〇年頃から東京教育大学で辛亥革命に関する研究会を組織していたが、そのメンバーだった久保田文次、小島淑男、小林一美と野沢、田中正美《たなかまさよし》に、明清史の山根幸夫《やまねゆきお》（東京帝国大学文学部東洋史学科卒、東京女子大学文学部）や田中正俊らが加わって、一九六七年に清末の史料である『辛壬春秋《しんじん》』（一九六二年復刻）の読書会を始め、こちらは「辛亥革命研究会」となった。(63)

この時期の重要な成果として、今堀誠二の『毛沢東研究序説』（一九六六年）が挙げられる。今堀は同書で中国共産党公式の『毛沢東選集』に収録された中華人民共和国成立以前の文章と、その初出原文を対照する作業を行った。そして毛の過去の文章がその時々の政治的必要性に応じてしばしば書き直されてきたことを証明し、毛沢東思想の変遷を実証的にたどるにはその原文に依拠し、またその時々の修正の理由を検討する必要があるとした。(64)

その作業を実際に行ったのが竹内実だった。竹内が組織した毛沢東文献資料研究会は、中華人民共和国成立までの毛沢東の文章を全て初出文献にさかのぼって確認し、それらが後にどのように書き換えられてきたかを丹念に校訂して『毛沢東集』全一〇巻（一九七〇―一九七二年）として刊行した。同書については後に第二版（一九八三年）および『毛沢東集補巻』全九巻・別巻（一九八三―一九八六年）が刊行されており、その精確さは今なお高く評価されている。

また日本国際問題研究所（一九五九年成立、一九六〇年に外務省管轄の財団法人となる。初代会長は吉田茂《よしだしげる》）の中国部会は、一九四五―一九五八年の中国、台湾、香港、日本、ソ連、アメリカの刊行物や公文書を集成、翻訳し、『新中国資料集成』全五巻（一九六三―一九七一年）として刊行した。同研究所はその後も、一九一八―一九四五年を扱った『中国共産党史資料集』全一二巻（一九七〇一一九七五年)、『中国大躍進政策の展開——資料と解説』全二巻(一九七三—一九七四年)などを編集刊行している。外務省アジア局中国課監修による『日中関係基本資料集 一九四九年—一九六九年』(霞山会、一九七〇年)の刊行もこの時期である。これらはいずれも以後の中国共産党・中華人民共和国研究にとって重要な基本資料となった。

文革の見方をめぐる対立は極めて深刻だった。ただ少なくとも歴史研究の内部においては、史料を用いて自らの主張を証明するという志向が貫かれたことで、次の時代につながる成果も生まれていたことは、記憶されてよいのではないかと考える。

「長い一九六〇年代」の中国研究の特徴

本章は、スターリン批判による中ソ対立の開始から日中国交樹立の直前までの一九五〇年代後半から一九七〇年代初頭の日本の中国研究を扱った。フランス革命から第一次世界大戦までを「長い一九世紀」と呼んだホブズボームのひそみに倣えば「長い一九六〇年代」と呼べるだろうか。

この時期の日本の中国研究で最も強調された言葉は「主体」であろう。

アメリカで生まれた、西洋との接触が停滞した中国に近代化をもたらしたとする「西洋の衝撃」論や近代化論は、帝国主義批判と中国停滞論の打破を掲げる日本のマルクス主義研究者には受け入れがたいものだった。AF財団の研究資金援助に対しても、研究の自律性・主体性という視点から反対運動が盛り上がった。戦前に学問と政治を切り離そうとしたことが時局への追随を招いたという認識から、彼らは学問と政治を不可分のものと見なした。いずれにおいても研究者の「主体性」

が強調された。

研究の対象についても、清末における変革の主体というテーマが議論の中心となった。研究の一つの方向性は、清末に「資本主義の萌芽」やブルジョアジーの発展可能性を見出そうとするものだった。ただ、「世界史の基本法則」をそのまま中国に適用しようという戦後初期の試みが実証的には成り立ちがたいことが次第に明らかになったため、この時期には内在的な中国理解の主張や、半植民地・半封建社会の下で農民が変革の主体となったという見方が力を持った。しかしこれは、結果として中国の例外性や特殊性を強調する方向に議論を向かわせた。思想史研究においても、西順蔵の議論のように、中国の近代を西洋近代とは異なる「反近代の近代」と捉える見方が一部で非常に強まった。

こうした中で起きた中ソ対立と日本共産党・中国共産党の決裂によって、日本の研究者たちは限られた情報の下で、文化大革命を支持するか否かという政治的立場の決断と表明を迫られた。スターリン式の社会主義や現代社会の抱えるさまざまな問題の解決という自らの理想を投影して文革を支持する中国研究者も多かったが、さまざまな理由からこれに懐疑的な者もいた。日本共産党は、毛沢東思想はマルクス主義の普遍性を歪めるものと批判したが、これは中国の特殊性を肯定的に語る議論全般に対する批判とも言えた。

文革は日本社会の広い関心を集めたため、戦後マージナルな領域に追いやられていた中国研究者たちにも光が当たることになった。一時的にメディアの寵児となった文革支持派の中国研究者たちが一種の興奮状態に陥ったのも無理からぬところがある。

ただ、当時の日本で中国研究に直接携わらない人々は概ね文革を異常事態として批判的に見ていた。一九六六年に訪中したジャーナリスト大宅《おおや》壮一《そういち》らの文革ルポはその代表と言える。[65] 他にもたとえば一九六七年には作家の川端《かわばた》康成《やすなり》、石川《いしかわ》淳《じゅん》、安部《あべ》公房《こうぼう》、三島《みしま》由紀夫《ゆきお》が連名で「われわれは左右いずれのイデオロギー的立場をも超えて、学問芸術の自由の圧殺に抗議し、……あらゆる「文学報国」的思想、または、学問芸術を終局的には政治権力の具とするような思考方法に一致して反対する」という抗議アピールを行っている。[66] かつその報道上の扱いも必ずしも大きなものではなかった。池田《いけだ》勇人《はやと》内閣時に「国民所得倍増計画」の下で産学協同と大学の学生定員急増が進められたことに対し、一九六八年には日本大学で大学の管理体制解体を掲げる全学共闘会議（全共闘）が結成され、運動が東大や全国の大学に広まっていた。文革を管理社会へのアンチテーゼと見なして評価する視点は、こうした日本社会に対する問題意識を直接投影したものだった。ただ、全共闘の中で明確に毛沢東思想を掲げたのは日本マルクス・レーニン主義者同盟（ML派）のみだった。東大正門に「造反有理」の文革スローガンと毛沢東の肖像を掲げた写真が知られるが、全体から見れば当時の日本の学生運動に対する毛沢東思想の影響は非常に小さなものだった。[67]

このように日本全体では文革支持派は少数だったが、こと中国研究者の中に限っては文革支持派が勢力を持ち、文革批判派を排除するという事態が生じた。後に文革の実態が明らかになると、文革支持派のほとんどは沈黙し、明確な総括がなされることはなかった。そのためこの時に排除された文革批判派の多くはその後も長く被害者意識と元・文革支持者に対する敵対感情を持ち続けることになった。[68] こうして文革は日本の中国研究者の間に後々まで深い禍根を残した。

一方、アメリカではベトナム反戦運動が高まる中、一九六八年に若手のアジア研究者たちが「憂慮するアジア研究者委員会」（Committee of Concerned Asian Scholars, CCAS）を結成していた。メンバーだった著名な中国史・日本史研究者にはマーク・セルデン（Mark Selden、一九三八―、ニューヨーク州立大学ビンガムトン校）、ハーバート・ビックス（Herbert P. Bix、一九三八―、ニューヨーク州立大学ビンガムトン校）、ジョン・ダワー（John W. Dower、一九三八―、カリフォルニア大学サンディエゴ校・マサチューセッツ工科大学）、ジョセフ・エシェリック（Joseph W. Esherick、一九四二―、カリフォルニア大学サンディエゴ校）らがいる。彼らは戦後アメリカのアジア戦略の中で発展した地域研究や、西洋がアジアに近代化をもたらしたとする「西洋の衝撃」論、近代化論を強く批判した。彼らは、フェアバンクやＡＡＳの既存の研究が、中立性・客観性を掲げつつ、実際には西洋帝国主義の侵略を隠蔽し、アメリカのアジア政策に奉仕してきたと主張した。同時代の日本における議論と同じく、学問と政治の関係が問いに付されたのである。彼らはマオイズムへの心情的共感を持っており、その点でも日本の

東大正門に掲げられた毛沢東像（1969年1月）

中国研究者たちとの共通点は多かった。

ただ、CCASの機関誌*Bulletin of Concerned Asian Scholars*が*Critical Asian Studies*と改題して現在まで刊行を続けていることからも、評価は分かれるにせよ、アメリカでは一九六八年に始まった運動がその後のアジア研究に一定の影響を及ぼしたことは間違いない(69)。これと比較した時、日本の中国認識の深まりに、文革時の議論が直接に及ぼした影響は極めて小さい。これは日本における文革をめぐる対立が学問内部から生まれたものというより、本質的には中国共産党と日本共産党の政治対立に由来するものだったためであろう。主体性があれほど強調されたにもかかわらず、学問と政治は切り離せないという主張が、学問の政治への従属に帰結してしまったことは、以後の日本の中国研究の行方に多大な影響を及ぼすこととなる。

注

(1) 木村茂光監修、歴史科学協議会編『戦後歴史学用語辞典』東京堂出版、二〇一二年、三一四・三二五頁。

(2) P・A・コーエン著、佐藤慎一訳『知の帝国主義――オリエンタリズムと中国像』平凡社、一九八八年〔原著一九八四年〕、三八―四一・九八―一二六頁。

(3) エドウィン・O・ライシャワー「日本と中国の近代化」『中央公論』第七八年第三号、一九六三年三月。

(4) 波多野善大「中国近代史に関する三つの問題――中国の近代化は何故おくれたか」『名古屋大学文学部研究論集』第二〇号、一九五八年二月、同『中国近代工業史の研究』京都大学文学部内東洋史研究会、一九六一年。

(5) 中国研究者研究団体連絡会議編『アジア・フォード財団資金問題に関する全中国研究者シンポジウムの記

録』中国研究者研究団体連絡会議、一九六二年。
(6) 前掲東洋文庫編集『東洋文庫八十年史Ⅱ　寄稿と各論』八九頁。
(7) 小野信爾「中国現代研究における安保体制――巧言令色鮮矣仁」『新しい歴史学のために』第七七号、一九六二年四月。後、前掲『歴史科学大系一四　アジアの変革（下）』などに収録。
(8) 旗田巍「日本における東洋史学の伝統」『歴史学研究』第二七〇号、一九六二年一一月。後、前掲『歴史科学大系一四　アジアの変革（下）』などに収録。
(9) 上原淳道「中国研究者の社会的責任――日中問題解決への基本的態度」『現代の眼』第四巻第二号、一九六三年二月。
(10) 増淵龍夫「歴史意識と国際感覚――日本の近代史学史における中国と日本（Ⅰ）」『思想』第四六四号、一九六三年二月。後、「日本の近代史学史における中国と日本（Ⅰ）津田左右吉の場合」と改題して増淵龍夫『歴史家の同時代史的考察について』岩波書店、一九八三年、に収録。
(11) 村上衛「大躍進と日本人「知中派」――論壇における訪中者・中国研究者」石川禎浩編『毛沢東に関する人文学的研究』京都大学人文科学研究所、二〇二〇年。
(12) 田中正俊「中国歴史学界における「資本主義の萌芽」研究」前掲鈴木、西嶋編『中国史の時代区分』。後、田中正俊『中国近代経済史研究序説』東京大学出版会、一九七三年、に収録。
(13) 内山雅生「清代二　社会・経済」前掲山根編『中国史研究入門』下、増補改訂版、一四二頁。
(14) 佐伯有一、田中正俊「十六・七世紀の中国農村製糸・絹織業」上原専禄、江口朴郎、尾鍋輝彦、三上次男、山本達郎監修『世界史講座Ⅰ　東アジア世界の形成』東洋経済新報社、一九五五年。
(15) 田中正俊「明末清初江南農村手工業に関する一考察」和田博士古稀記念東洋史論叢編纂委員会編『和田博士古稀記念東洋史論叢』講談社、一九六一年。後、「十六・十七世紀の江南における農村手工業」と改題して、前掲田中『中国近代経済史研究序説』に収録。
(16) 小山正明「清末中国における外国綿製品の流入」『近代中国研究』第四輯、一九六〇年七月。後、小山正明『明清社会経済史研究』東京大学出版会、一九九二年、に収録。
(17) 遠山茂樹「東アジアの歴史像の検討――近現代史の立場から」『歴史学研究』第二八一号、一九六三年一〇月、芝原拓自、藤田敬一「明治維新と洋務運動」『新しい歴史学のために』第九二・九三号、一九六四年一・二月。いずれも後、幼方直吉、遠山茂樹、田中正俊編『歴史像再構成の課題――歴史学の方法とアジア』御茶の水書房、一九六六年、に収録。前掲並木「日本における中国近代史研究の動向」一二頁。

(18) 狭間直樹「中国近代史における「資本のための隷農」の創出およびそれをめぐる農民斗争」『新しい歴史学のために』第九九号、一九六四年一一月。後、前掲『歴史科学大系一四　アジアの変革(下)』に収録。

(19) 狭間直樹「山東萊陽暴動小論――辛亥革命における人民闘争の役割」『東洋史研究』第二二巻第二号、一九六三年一〇月、も参照。

(20) 山下米子「辛亥革命の時期の民衆運動――江浙地区の農民運動を中心として」『東洋文化研究所紀要』第三七冊、一九六五年三月。

(21) 狭間直樹「中国近・現代史研究の課題――波多野善大著「中国近代工業史の研究」を読んで」『新しい歴史学のために』第七三号、一九六一年一〇月。

(22) 里井彦七郎「中国近代化過程に関する三つのとらえ方について」『歴史学研究』第三一二号、一九六六年五月。後、前掲『歴史科学大系一四　アジアの変革(下)』に収録。

(23) 増井経夫『太平天国』岩波書店、一九五一年、一〇〇―一〇三頁。

(24) 村松祐次「義和団乱の社会経済的背景」『一橋論叢』第二八巻第四号、一九五二年一〇月。後、村松祐次『義和団の研究』巌南堂書店、一九七六年、に収録。

(25) 市古宙三「義和拳の性格」学術研究会議現代中国研究特別委員会編『近代中国研究』好学社、一九四八年、同「郷紳と辛亥革命」『世界の歴史一五　帝国主義』筑摩書房、一九六二年、など。いずれも後、市古宙三『近代中国の政治と社会』東京大学出版会、一九七一年、に収録。

(26) 佐々木正哉「咸豊四年広東天地会の叛乱」『近代中国研究センター彙報』第二・三号、一九六三年四・九月。

(27) 宮崎市定「太平天国の性質について」『史林』第四八巻第二号、一九六五年三月。

(28) 今堀誠二「清代における農村機構の近代化について――広東省香山県東海地方における「共同体」の推転過程」『歴史学研究』第一九一・一九二号、一九五六年一・二月。

(29) 横山英「清末の変革における指導と同盟――辛亥革命研究ノート」広島史学研究会『史学研究』第九七号、一九六六年八月。後、横山英編『辛亥革命研究序説』新歴史研究会、一九七七年、に収録。

(30) 里井彦七郎「横山英氏の「辛亥革命＝変革」説について」『中国近代史研究会報』第五・六号、一九六七年七・九月、前掲並木「日本における中国近代史研究の動向」八―九・一三―一四頁。

(30) 中島嶺雄『現代中国論――イデオロギーと政治の内的考察』青木書店、一九六四年、一六・六九・二二一―二二三頁。
(31) 小野川秀美『清末政治思想研究』東洋史研究会、一九六〇年。
(32) 野村浩一「清末公羊学派の形成と康有為学の歴史的意義――「持続の帝国」の没落」『国家学会雑誌』第七一巻第七号、第七二巻第一・三号、一九五七年七月、一九五八年一・三月。後、野村浩一『近代中国の政治と思想』筑摩書房、一九六四年、に収録。
(33) 前掲野村『近代中国の政治と思想』二四二―二四四頁。
(34) 前掲馬場『戦後日本人の中国像』一七九―一八二頁。
(35) 西順蔵「中国近代思想のなかの人民概念」西順蔵、野原四郎、荒松雄、中岡三益、旗田巍、幼方直吉編『講座近代アジア思想史一　中国篇一』弘文堂、一九六〇年。後、西順蔵『中国思想論集』筑摩書房、一九六九年、に収録。
(36) 高田淳『中国の近代と儒教――戊戌変法の思想』紀伊國屋書店、一九七〇年、一三・二二・二四頁。
(37) 後藤延子「日本における中国近代思想史研究」『中国研究月報』第四三巻第一号、一九八九年一月。以上の他、李大釗の評伝として森正夫『李大釗』人物往来社、一九六七年、がある。
(38) 古厩忠夫「文化大革命と日本」池田誠、倉橋正直、副島昭一、西村成雄編『二〇世紀中国と日本（上）世界のなかの日中関係』法律文化社、一九九六年、一八五頁。後、古厩忠夫『日中戦争と上海、そして私――古厩忠夫中国近現代史論集』研文出版、二〇〇四年、に収録。
(39) 前掲馬場『戦後日本人の中国像』二五二―二五四頁。
(40) 安藤彦太郎「文化大革命の渦中にて――彭真解任・北京市委改組にその本質をみる」『アジア経済旬報』第六五二号、一九六六年七月一日。後、「「文化大革命」の進展」と改題して安藤彦太郎『中国通信一九六四―一九六六』大安、一九六六年、に収録。
(41) 山田慶児「コンミューン国家の成立――造反有理（Ⅰ）」『世界』第二六二号、一九六七年九月。後、山田慶児『未来への問い――中国の試み』筑摩書房、一九六八年、に収録。前掲馬場『戦後日本人の中国像』二四五頁。
(42) 新島淳良「報告・新しいコミューン国家の成立」『朝日ジャーナル』第一〇巻第四〇号、一九六八年九月二九日。

(43) 前掲馬場『戦後日本人の中国像』二七七－二八〇頁。
(44) 野村浩一「中国革命と革命中国――中国を訪れて」『世界』第三一〇号、一九七一年九月。
(45) 中西功『中国革命と毛沢東思想――中国革命史の再検討』青木書店、一九六九年、二六二頁。
(46) 平井徹「「文革」賛美論のイデオロギー的性格」『前衛』第二九四号、一九六九年五月。後、丸山昇『「文革」の軌跡と中国研究』新日本出版社、一九八一年、に収録。
(47) 竹内実「毛沢東に訴う――「牛鬼蛇神」その他」『群像』第二三巻第八号、一九六八年八月。
(48) 中島嶺雄編著『中国文化大革命――その資料と分析』弘文堂、一九六六年、三頁。
(49) 衛藤瀋吉、岡部達味「中国革命における穏歩と急進」『中央公論』第八二年第八号、一九六七年七月。後、衛藤瀋吉、岡部達味『世界の中の中国』読売新聞社、一九六九年、に収録。
(50) 宮崎市定、貝塚茂樹、岩村忍、三田村泰助「東洋学から見た〝毛王朝〟」『中央公論』第八二年第四号、一九六七年三月。
(51) 宮崎市定「文化大革命の歴史的意義」（一九六八年九月）宮崎市定『中国に学ぶ』朝日新聞社、一九七一年。
(52) 小島晋治「太平天国と農民」大塚史学会『史潮』第九三・九六・九七号、一九六五年一〇月・一九六六年八・一一月、小島晋治「太平天国革命」『岩波講座世界歴史二一　近代世界の展開V』岩波書店、一九七一年。いずれも後、小島晋治『太平天国革命の歴史と思想』研文出版、一九七八年、に収録。
(53) 里井彦七郎「義和団運動とその思想――とくに第一・第二期の思想について」歴史学研究会編『歴史における国家権力と人民闘争――一九七〇年度歴史学研究会大会報告』青木書店、一九七〇年。後、里井彦七郎『近代中国における民衆運動とその思想』東京大学出版会、一九七二年、に収録。
(54) 村松祐次『近代江南の租桟――中国地主制度の研究』近代中国研究委員会、一九七〇年。
(55) 東京教育大学東洋史学研究室アジア史研究会、中国近代史研究会編『近代中国農村社会史研究』東京教育大学文学部東洋史学研究室アジア史研究会、一九六七年。
(56) 小島晋治「中国近・現代史研究の視点と方法をめぐる論争によせて」『中国近代史研究会報』第一〇号、一九六八年一〇月。後、「中国近・現代史研究の視点と方法」と改題して前掲小島『太平天国革命の歴史と思想』に収録。
(57) 田中正俊「アジア社会停滞論批判の方法論的反省――厳中平著・依田憙家訳『中国近代産業発達史』によ

せて」『歴史評論』第二〇四—二〇六号、一九六七年八—一〇月、同「西欧資本主義と旧中国社会の解体——『ミッチェル報告書』をめぐって」仁井田陞博士追悼論文集編集委員会編『仁井田陞博士追悼論文集一　前近代アジアの法と社会』勁草書房、一九六七年。いずれも後、前掲田中『中国近代経済史研究序説』に収録。

(58) 田中正俊「中国社会の解体とアヘン戦争」前掲『岩波講座世界歴史二一　近代世界の展開Ⅴ』後、前掲田中『中国近代経済史研究序説』に収録。

(59) 前掲久保田「近代Ⅰ」二二一—二二二頁。

(60) 小野川秀美「まえがき」小野川秀美、島田虔次編『辛亥革命の研究』筑摩書房、一九七八年。

(61) 野沢豊「あとがき」野沢豊編『中国国民革命史の研究』青木書店、一九七四年。

(62) 野沢豊「中国における統一戦線の形成過程——第一次国共合作と国民会議」『思想』第四七七号、一九六四年三月。

(63) 中村義「会報発刊にあたって」『辛亥革命研究』第一号、一九八一年三月。

(64) 今堀誠二『毛沢東研究序説』勁草書房、一九六六年。

(65) 前掲馬場『戦後日本人の中国像』二四八—二五二頁。

(66) 「〝学問芸術に自律性を〟川端氏ら文化革命にアピール」『朝日新聞』一九六七年三月一日、など。

(67) 前掲古厩「文化大革命と日本」一八六・一八九—一九一頁。

(68) 代田智明「戦後近現代中国文学研究管窺——モダニティ・中国・文学」代田智明監修、谷垣真理子、伊藤徳也、岩月純一編『戦後日本の中国研究と中国認識——東大駒場と内外の視点』風響社、二〇一八年、一三七—一三九頁。

(69) Fabio Lanza, *The End of Concern: Maoist China, Activism, and Asian Studies*, Durham: Duke University Press, 2017. 佐藤慎一「訳者あとがき」前掲コーエン『知の帝国主義』二八七—二八八頁、佐藤慎一「アメリカにおける中国近代史研究の動向」前掲小島、並木編『近代中国研究案内』、前掲馬場『戦後日本人の中国像』二八二—二八四頁、梅﨑透「マオとアメリカの「第三世界」——"To Rebel Is Justified"」楊海英編『中国が世界を動かした「一九六八」』藤原書店、二〇一九年。

第四章　戦後日本の中国研究の転換点
——国交樹立と改革開放（一九七〇年代〜一九八〇年代）

「最近、中国において地震予知能力を実証する報道が伝わり、日本の地震学者に大きな衝撃を与えたようであるが、中国で発生する政治的・社会的地震の日本における探知および予知能力はどうであろうか。

……まず、実際の地震と同様に彼らの地震予知能力はきわめて低い。……このような「誤測」の例は、外国を対象とした場合一般に多いのであるが、私の印象ではコト中国にかんしてとくに目立っている。」

「現代中国認識がなぜ困難かといえば、確実なデータが少なく、分析のための手段・方法論が未熟であるということのほかに、特定の価値判断、権威＝無謬性の錯覚、固定観念、期待等等が正常な認識を妨げているからである。」（中兼和津次「現代中国と社会科学的認識」『経済評論』第二五巻第八号、一九七六年七月）

関連年表

1969　3　中ソ国境紛争おこる。

1971　9　林彪事件おこる。10　国連、中華人民共和国の代表権を決議。

1972　2　ニクソン訪中。9　日本、中華人民共和国と国交樹立。

1976　9　毛沢東死去。10「四人組」逮捕。

1978　8　日中平和友好条約締結。12　改革開放政策はじまる。

1979　1　アメリカ、中華人民共和国と国交樹立。2-3　中越戦争おこる。

1981　6　中国共産党、「建国以来の党の若干の歴史問題に関する決議」。文革を否定。

1982　7　歴史教科書問題おこる。

1985　8-9　靖国神社参拝問題おこる。

1　日中の国交樹立と文革の収束──一九七〇年代

日中関係の急転

一九六〇年代末から一九七〇年代初頭にかけ、日本と中国の関係はふたたび大きく変容した。

一九六八年、毛沢東は人民解放軍を投入して文革初期の紅衛兵による混乱を収束させた。そして農民から学ぶという名目で大量の学生を農村へ「下放」（強制移住）し、事実上の軍政を布くことで秩序を回復した。一九六九年三月にはウスリー川の珍宝島（ダマンスキー島）で中ソの警備部隊同士の衝突が起き、これをきっかけに国境各地で武力衝突が発生した。対外的緊張の高まる中、同年四月に開かれた中国共産党第九次全国代表大会では国防部長の林彪が正式に毛沢東の後継者に指名された。しかしその林も一九七一年九月、クーデターを計画して失敗し、ソ連への亡命を図った末に飛行機が墜落して死亡するという謎の多い最期を遂げた（林彪事件）。

中国共産党内でも、国際的な孤立や、隣接する日本・香港・台湾・韓国などの経済発展に対する立ち遅れに危機感が高まった。そのため中国は、ソ連を「主要敵」と位置づけ、アメリカや西側諸国との関係改善へ向けて外交方針を転換した。ベトナム戦争の泥沼化で苦境に立たされていたアメリカもこれに応じ、一九七一年七月、ニクソン大統領が翌年の訪中を電撃的に発表した。また同年一〇月には国連総会で中華人民共和国の代表権が可決された。中国は各国政府との関係改善を推進し、一九七二年二月にニクソン訪中が実現した。同年九月には日本の田中角栄《たなかかくえい》首相も訪中して中華人民共和国との国交が成立し、日中共同声明が調印された。このため台湾の中華民国は国連の代表権を失い、日本との正式な国交も断絶した。

日本社会では中国から贈られたパンダが人気を博すなど、空前の中国ブームが起きた。この時期の日中の政府間関係や双方の国民感情は非常に良好で、後に「蜜月期」とも呼ばれる。しかし米中・日中の突然の関係改善は、反帝国主義という視点から中国近現代史を論じてきた日本のマルクス主義研究者たちにとっては、根本的な立脚点の喪失を意味した。林彪事件によって文革を権力闘争とする見方も強まった。日本国内でも学生運動が急進化・暴力化して社会の支持を失い、ニクソン訪中の最中に、ML派の流れを汲む連合赤軍が起こしたあさま山荘事件でそれが決定的となった。

同時代中国への視角

現状分析の分野では中国共産党の高層指導者間の権力闘争を対象とした研究が増加した。慶應義塾大学法学部で石川忠雄に学んだ徳田教之《とくだのりゆき》が、一九三五年の遵義《じゅんぎ》会議以降の毛沢東の党内における権威とリーダーシップの成立過程を論じたのがその代表である。徳田は人民共和国の政治を上からの指導と下からの大衆の自発性の間での揺れ動きとして説明し、文革は毛沢東が自らの権威の空洞化に「大衆動員」という手段で対抗したものだったとした(1)。

また加々美光行《かがみみつゆき》（東京大学文学部社会学科卒、アジア経済研究所）は、文革中の「血統主義原理」をめぐる論争に関する資料を『資料　中国文化大革命』（一九八〇年）として翻訳・出版し、「中国人の心の奥深くながい歴史的伝統をもって潜む……血統主義的な情念」が、「右派分子」の子は本人も「右派分子」だとするような「出身階級」の考えを生み、それをめぐる怨念が文革時の激しい武闘をもたらしたとした。(2)

同時代中国の対外政策については岡部達味が精力的に論考を発表し、『現代中国の対外政策』（一九七一年）、『中国の対日政策』（一九七六年）などにまとめた。岡部は冷静な分析から、中国外交を、マルクス・レーニン主義の国際政治観に基づく「革命外交」や、「伝統的な中華思想に基づく国際政治観」に基づくものとする見方を否定し、「中国の政策決定者は主権国家が併存している国民国家体系を所与のものとみ、その中での生存・発展を自己の主要目標としている」「中国の対外行動は、国民国家体系の枠内で自己の目標実現のために外部環境に対してなされる働きかけである」と明確に述べた。(3)

これに対し、宇野重昭《うのしげあき》（東京大学大学院社会科学研究科国際関係論専攻修了、成蹊大学法学部）は「筆者が、中国研究に関し、最も関心を寄せていることは、その独自性を析出することにある。その独自性とは、もちろん、欧米にたいし、また、ある意味ではソビエト・ロシアにたいしてのことである」「筆者としては、中国に形成されつつある新しい可能性をすべて欧米的基準ではかり、欧米的な国民国家に還元して論を立てることに反対しているのである。筆者の目的はあくまで中国における新国家の独自性に注目し、その行動原則を中国に密着して明らかにすることにある」として、中国外交の独自性、伝統との関係を強調し、立場が分かれた[4]。

戦後、日本には日中友好運動や民間貿易などを通じて、中華人民共和国との講和・国交樹立を求める運動が長く存在していた。彼らの背景にあったものの一つは、戦前の中国侵略に対する責任や贖罪の意識だった。一九七一年にニクソンが訪中を発表すると、日本社会には中国との国交樹立を求める世論が急速に高まった。ただ、実際の日中交渉は政府主導で行われ、それまでの民間の友好人士などがそこに関わることはなかった。交渉における戦争責任や賠償問題の位置づけも副次的なものだった。早くから中華人民共和国との国交樹立を訴え続けてきた竹内好などはそのことに対する無力感と落胆を吐露している[5]。

戦争責任などの視点から中国との国交樹立を主張したいわば「道義派」に対し、あくまで国際関係をパワー・ポリティクスの視点から捉える「実利派」の論者の間では、中国との国交樹立に対し、積極派から消極派まで立場が分かれた。その中で衛藤瀋吉は、幕末以来の日中関係から説き起こし、日本はこれまでその親近感ゆえに中国への「愛憎の振幅」が大きく冷静な分析ができてこなかったとし、訪中の「なだれ現象」を戒め、中国側の意図を冷静に読み解くとともに、日本の対外的信用や「外交の筋」という視点から台湾との関係にも慎重な配慮が必要だとした。冷静な分析には「自他の区別」が必要であり、「中国人と日本人はまったく違う、政治的立場も違うし、運命も違う。そしてもはや今日は、東洋対西洋という対決で国際関係を考えることはできないのである」とする衛藤の主張は、戦前の津田左右吉のそれなどにも通じるものがある[6]。

中国近現代史研究の新たな潮流

歴史研究の分野では一九七〇年代に入っても清末から辛亥革命にかけての変革主体をめぐる議論が続いていた。たとえば中国革命を農民革命とする見解に対し、一九一〇年代の農民協会の中心となったのは破産農民などの半プロ層であったとし、労働者階級の研究の必要性を主張した古厩忠夫の「中国における労働者階級の形成過程」[7]（一九七二年）や、民衆運動の発展を、それを取り囲む帝国主義的世界体制や国家権力との関係で統一的に把握し、また農民一元論的理解に陥らず、「人民」の多様で具体的なあり方を分析するため、農民以外の諸階層・諸階級も取り上げ、被圧迫諸階級の闘争総体として捉えるべきとした清水稔《しみずみのる》（名古屋大学大学院文学研究科）の「辛亥革命研究に関する覚え書き」[8]（一九七三年）などである。ただ、学生運動の衰退や文革への幻滅、さらにこの分野の研究自体が一種の袋小路に入り込んでいたことなどから、一九六〇年代のような勢いは失われていった。

こうした研究状況に一石を投じたのが小林一美「抗租・抗糧闘争の彼方」（一九七三年）だった。小林は佃農（小作農）の経済的な闘争が、必然的に封建地主の階級的利害を代表する国家に対する政治的闘争に転化するという、マルクス主義に立つ研究者が当然視してきた前提に根本的な疑問を呈した。そして清末の佃農が抗租・抗糧を正当化した論理の分析から、経済闘争が政治的・宗教的闘争（革命）に飛躍する過程に、会党、太平天国、白蓮教、革命派などが外部から持ち込んだ世界観が決定的な役割を果たしたとした。[9] 小林の研究は、民衆の意識やイメージの世界に踏み込むことで一九六〇年代の社会経済史研究の限界を突破しようとしたものであり、民衆運動史研究に衝撃を与えた。同様に行き詰まっていた時代区分論争の中でも、谷川道雄《たにがわみちお》（京都大学文学部卒、名古屋大学文学部）が六朝貴族の社会的基盤は大土地所有ではなく、彼らを公義すなわち共同体倫理の体得・実践者と見なす郷党の世論にあったとする独自の共同体論を提起し、専ら社会経済史的な視点からなされてきた従来の研究に異議を唱えて議論を招いていた[10]。

こうして、これまで清末の諸反乱から辛亥革命にかけての社会経済史と民衆運動史に専ら集中していた研究が、社会史、政治外交史、そして「現代史」へと拡大していくのがこの時期の特徴の一つである。

この時期には、衛藤瀋吉が一九五〇年代に発表した清末の外交史に関する研究と、一九六〇年代半ばまでに発表した国民革命や同時期の日中関係に関する研究をそれぞれ『近代中国政治史研究』『東アジア政治史研究』（いずれも一九六八年）としてまとめ、出版していた[11]。

同じく坂野正高（東京大学法学部）も、戦後から一九六〇年代にかけて発表した清末外交史に関する研究を『近代中国外交史研究』（一九七〇年）にまとめ、さらに、清末から中華民国初期にかけての通史である『近代中国政治外交史』（一九七三年）を刊行した[12]。坂野はフェアバンクの影響の下、清末の外交史を「朝貢体制」から近代的な「条約体制」への移行として描いた[13]。

これらの研究はいずれも近代政治学の視角に基づき、また清末の外交文書などとともに英米や日本の史料も多用したものだった。アメリカの研究者養成機関や学会、台湾の中央研究院近代史研究所の所蔵する外交檔案《とうあん》（公文書）の紹介や、中国近代政治史・外交史に関する研究方法や文献解題などが収録されていることもその特徴として挙げられる。

他にも、これまで専ら否定の対象とされ、実証的な研究の遅れていた中華民国期の「軍閥」について、波多野善大が一九五〇年代以来の研究をまとめて『中国近代軍閥の研究』（一九七三年）として刊行した。[14] 中嶌太一《なかじまたいち》（東京大学大学院社会科学研究科国際関係論専攻修了、滋賀大学経済学部）の『中国官僚資本主義研究序説』（一九七〇年）や島一郎《しまいちろう》（同志社大学経済学部）の『中国民族工業の展開』（一九七八年）も、これまで実証的な研究の少なかった南京国民政府期の資本主義発展の検討と再評価を行った。[15]

こうしたこの時期の研究動向を見る上で重要なのが、坂野正高、田中正俊、衛藤瀋吉の編になる『近代中国研究入門』（一九七四年）である。同書は編者の他、市古宙三、前野直彬《まえのなおあき》（東京大学文学部）、滋賀秀三《しがしゅうぞう》（東京大学法学部）、浅井敦《あさいあつし》（愛知大学法学部）、石川滋（一橋大学経済研究所）が、文学史、社会経済史、政治外交史、法制史および現代中国の法・経済の研究手法や参考文献を詳細に紹介した実用的な研究入門書である。同書巻末の座談会では、資料やレファレンスに関する非常に具体的な議論が展開されるとともに、「事実」と「方法枠」の関係が論点の一つとなった。現代中国経済を専門とする石川滋は次のように述べている。

私どもは方法枠について、あまりかたい自信を持っておりませんので、資料でなくて、事実とその方法枠との間に齟齬があった場合には、方法枠の方がまちがいだろうと考えて、そっちの方を変えようとするわけです。……資本主義の経済学にしても、資本主義の制度、組織に関する、ある非常に非現実的な仮定をおいた上ではじめて成り立っている論理体系ですから、われわれが社会主義の、しかもなんだかソ連とは違った行き方をしている中国という国を相手にする場合、方法枠についてはきわめて謙虚でなければならないと思うのです。[16]

マルクス主義研究者の間でも、それまで依拠してきた「新民主主義論」の歴史観に対する疑問が次第に高まる中、史料や中国の実態を重視して方法論の見直しを探るべきという主張は重要な意味を持った。

こうした背景の下で、中国近現代史に関する史料の整理や刊行もいっそう進んだ。前述した竹内実の『毛沢東集』や日本国際問題研究所の史料集の他、問題意識はやや異なるものの、西順蔵、伊東昭雄、小島晋治、近藤邦康、新島淳良、野村浩一、丸山昇、丸山松幸らが一九六〇年代半ばから続けてきた、清末から中華人民共和国成立までの思想史関連史料の編集・翻訳作業の成果が『原典中国近代思想史』全六巻（一九七六―一九七七年）として公刊されたのもこの時期である。

戦後の中国近現代史研究の見直しと野沢豊

野沢豊は一九六九年に東京教育大学から中央大学に、さらに一九七五年に東京都立大学に移ったが、その後も大学院生や若手研究者による勉強会を続けた。この間に野沢が自らの辛亥革命研究をまとめたのが『辛亥革命』（一九七二年）である。その後辛亥革命研究会の活動は一時期停滞したが、一九七九年以降は久保田文次（日本女子大学文学部）が中心となって活動を再開し、会誌『辛亥革命研究』（一九八一―一九九三年）を刊行している。[17]

野沢らが中国現代史研究会の成果をまとめたものが『中国国民革命史の研究』（一九七四年）である。野沢は同書の序章で、戦後日本では戦争責任に対する自己批判が不徹底に終わり、それが逆に戦前の学問的成果の批判的摂取を妨げ、研究主体の確立を不十分なものにしたとした。そしてその結果、戦後日本の中国研究が「一方での中国革命の経験摂取、他方でのアメリカ的中国研究の導入」に二極化したこと、「とりわけ中国革命の勝利ということもあって、「毛沢東思想」を絶対視する風潮を高まらせることとなった。そこから、あたかも中国近・現代史はイコール中国革命史であり、中国革命史はイコール中国共産党史であり、中国共産党史はイコール毛沢東思想史であるかのような中国認識を一般化させた」ことを痛烈に批判し、またそれが（東洋史学の延長で行われた辛亥革命研究や、思想・文学研究から論じられた五四運動などと比較して）国民革命研究の空白をもたらしたとした[18]。これは中国共産党の歴史観に基づく研究手法を明確に否定した主張と言える。中国現代史研究会はこの後研究の対象を国民革命後の国民党政権時代（一九二八―一九四九年）へと広げ、その成果を『中国国民政府史の研究』（一九八六年）にまとめている。

野沢豊

このような毛沢東、中国共産党、革命を中心とした歴史観の見直しの過程におけるもう一つの重要な成果が、野沢豊、田中正俊、久保田文次、姫田光義、吉沢南《よしざわみなみ》、高橋孝助《たかはしこうすけ》らの編集による『講座中国近現代史』全七巻（一九七八年）である。同書はアヘン戦争から中華人民共和国初期までを六〇名を超える執筆者によって描き出した大部の論文集であり、この時点における日本の中国近現代史研究の一つの到達点と言えた。同講座全体の序文に当たる「講座刊行にあたって」で、編集委員会代表の野沢は、戦後日本の中国研究において、「アジア的停滞性」という見方の克服の必要から世界史の基本法則の中国への適用が試みられたが、後にそれが批判され、中国の独自性を強調する見方が強まった経緯を述べた上で次のように主張した。

戦後の中国理解には、かかる二側面がありえたと考えられるが、それを対立的にとるよりも、相互補完的なものとしておさえていく必要があるように思われる。とりわけ、〈歴史発展の基本法則の特徴である〉内在的発展のモメントを重視するということは、換言すれば、直接に生産を担ってきた民衆の生きた姿をとらえようとすることに外ならないのであって、かかる民衆把握を軸にして、中国近現代史の再検討がおこなわれねばならないであろう。(19)

野沢はもともと人民闘争それ自体よりも生産力の発展を歴史の展開の要因として重視する立場だったことから、中国の独自性を前提としつつ、普遍的な「基本法則」的な思考の重要性も指摘したものと言える。

同講座第五巻の「総論」で姫田光義（中央大学経済学部）は、蔣介石・国民党による南京国民政府を「「軍事的・封建的・買弁的・ファッショ的」性格と民族的・ブルジョア的性格との矛盾の統一物」と位置づけ、さらに従来の研究に「国民党政権の性格上の矛盾が重視されず、専らその「ファッショ」的性格の側面にのみ目が向けられ、その民族的性格に目が向けられない」という問題があったとして、「この時期を通して重要な政治的役割をはたした国民党および南京国民政府の検討なしには、この時期の特質を十分に理解しえたとはいえない」と主張した[20]。これはやはり従来の研究が中国共産党と毛沢東に集中してきたことに疑問を呈し、軽視されてきた中国国民党および国民政府の研究の必要性を主張したものだった。同様の問題意識に基づくこの時期の成果として、山田辰雄（慶應義塾大学法学部）の『中国国民党左派の研究』（一九八〇年）や野沢豊編『中国の幣制改革と国際関係』（一九八一年）が挙げられる[21]。こうした視点が後述する「民国史」研究の提唱につながる。

また『講座中国近現代史』は、第六巻所収の若林正丈《わかばやしまさひろ》「台湾の抗日民族運動」が日本植民地時代の台湾における運動と中国ナショナリズムの間の齟齬を指摘し、第七巻所収の毛里和子「新中国成立前夜の少数民族問題」が中国共産党統治下の民族矛盾とその歴史的・政策的背景を論じるなど、中国のナショナリズムや民族政策に対する批判的な検討を開始していた点でも、以後の研究の先駆として重要である。

同じ時期、関西でも文革や人民闘争中心の歴史観に批判的な研究者たちが同名の「中国現代史研究会」を組織していた。これは一九六九年に始まった、日中戦争期の中国共産党機関紙『解放日報』（一九四一―一九四七年）の輪読会を母体とするもので、初期の会員は芝池靖夫《しばいけやすお》、池田誠《いけだまこと》、松野《まつの》昭二《しょうじ》、林要三《はやしようぞう》、安井三吉《やすいさんきち》、副島昭一、西村成雄《にしむらしげお》らだった。同会は会誌『中国現代史研究会通信』

（後継誌が『現代中国研究』）を刊行した他、共同研究の成果として後に芝池靖夫編著『中国社会主義史研究』（一九七八年）、池田誠編著『抗日戦争と中国民衆』（一九八七年）などを出版している。[22]

2　改革開放と中国研究のパラダイム・チェンジ——一九八〇年代

改革開放と中国の変容

一九七六年に毛沢東が死去すると、国務総理の華国鋒《かこくほう》が葉剣英《ようけんえい》ら軍人グループと協力して文革推進派の「四人組」を逮捕し、文革は終結した。

文革中に失脚していた鄧小平が復権し、党主席に就任した華国鋒との権力闘争を制して実権を握ると、脱文革路線が推進された。かつて周恩来《しゅうおんらい》が主張した農業・工業・国防・科学技術の「四つの現代化」が国家の最重要課題として再提起された。また一九七八年に対外開放が開始され、後に経済制度の改革と合わせて改革開放政策と呼ばれるようになった。中国は一九七九年一月にアメリカとも正式国交を樹立した。米中接近はベトナムの中国への反発とソ連接近を招き、同年二月から三月にかけて中国軍がベトナムに一時武力侵攻するに至った（中越戦争）。中国共産党は一九八一年には「建国以来の党の若干の歴史問題に関する決議」を採択し、文革を誤りだったとして公式に否定した。ただし毛沢東の評価については、毛は文革で重大な誤りを犯したとはいえ、中国革命における功績はその誤りをはるかに凌ぐとした。

農村では人民公社が解体され、生産請負制が急速に広まった。従来の計画経済に対して商品経済の導入が徐々に進み、一九八〇年には深圳《しんせん》、珠海《しゅかい》、汕頭《スワトウ》、廈門《アモイ》などに経済特区が置かれ、税制などの優遇措置によって外資・技術の導入が推進された。一九八七年の中国共産党第一三次全国代表大会では、中国は「社会主義初級段階」にあると規定された。そこでは貧困からの脱却、農業国から工業国への移行、自給自足から高度な商品経済への移行が目標として掲げられ、私営企業や株式配当が合法化された。

こうして一九八〇年代には、中国は近代化論と国家主権で説明可能な「ふつうの国」となった。中国が自ら経済的後進性を認めたことで中国停滞論批判も意味を失った。ソ連や東欧の行き詰まりも明らかになる中、学問全般におけるマルクス主義の影響力自体が急速に失われていった。議論の共通の前提が失われたことで時代区分論争も終息に向かった。中国研究外の論壇全体でも、中国への関心は急速に低下していった[23]。

一方でこの時期には、中国で文革以前に編集が開始されていた史料類が大量に公刊され始めた。また、中国への留学や研究交流も開始され、現地調査も徐々に可能となった。

これらの結果、一九七〇年代に始まっていた日本の中国研究の変容はいっそう加速した。具体的には、研究の脱マルクス主義化・脱毛沢東思想化、学問と現実政治の分離、そして実証水準の上昇と対象とする分野の拡散にともなう研究の細分化である。現状分析の関心の中心が毛沢東や文革に対する検討から改革開放の行方へと移っていったことで[24]、近現代史研究と現状分析の間の距離もいっそう広がった。

中村義は一九七八年に来日したＣＣＡＳのセルデンやエシェリックとの座談会で、当時の雰囲気を若干の困惑を交えて次のように語っている。

〔林彪事件や四人組逮捕について〕論壇、ジャーナリズムではそれなりに活発な紹介がおこなわれているようにみえますが、大変感覚的な言い方で恐縮ですが、活発なわりには何かしらけているというのか、さめているというのか、そうした雰囲気、ムードが今日の状況のように思えます。

文革の時にみられたような「中国とは何か」とか、「中国研究と自己のかかわり如何」とかいう問題が次第に表には出てこなくなったのかも知れません。いいかえれば研究者の心情や理論以前のどろどろしたものが語られなくなったということでしょう。

他方、個別の各種の研究会は沢山できており、活況を呈しているようです。公表される研究成果も、実証的で重厚さを加えています。……

自戒の意味でいいますと、歴史研究と現状認識・現状分析のギャップ、断絶があるということなのではないでしょうか。[25]

こうした状況の急速な変化に困惑を覚えた世代の中国近現代史研究者たちによるおそらく最後の大規模な論争となったのが、一九八〇年代の五四運動をめぐる論争である。

五四運動をめぐる論争

野沢豊は一九八一年に個人誌『近きに在りて——近現代中国をめぐる討論のひろば』を創刊した。そして改めて文革を否定し、「中国研究、ないしは中国近現代史研究それ自体として全面的な再検討が求められている」と主張した。

中国研究、ないしは中国近現代史研究が、本来的に時代の動きと密接にかかわりあう形でおこなわれてきたことは否定しえないが、「文革」を経過するなかで、冷静に、客観的に中国問題を分析する必要が多くの人に感じられるようになったことは、大いに歓迎すべきことであり、ここにいたって初めて科学的な中国研究が、その出発点にたったともいえるほどである。[26]

「客観的な研究」という表現はもともと欧米社会科学系の研究者がマルクス主義に立つ研究者を批判する時に使ったものだった。こうして日本の中国近現代史研究全体がかつての「主体」の重視から「客観性」の強調、そして脱イデオロギー化（脱マルクス主義化）へと向かった。

一方、京大人文研中国近代史研究班は、前述の「辛亥革命の研究」班の成果を狭間直樹『中国社会主義の黎明』（一九七六年）や小野川秀美、島田虔次編『辛亥革命の研究』（一九七八年）としてまとめるのと並行して、後継の「五四運動の研究」班（一九七三—一九七八年、班長は島田虔次→竹内実→狭間直樹）を実施していた。以後、人文研中国近代史研究班は狭間の下で「民国初期の文化と社会」（一九七八—一九八三年）、「中国国民革命の研究」（一九八三—一九八八年）と展開していく。

なおこの他、都立大辞職後に京大人文研に入った竹内実の中国現代史研究班（一九七五—一九八七年）が存在した。

東京でも一九七六年に「五・四運動史研究会」が組織された。前述の『講座中国近現代史』の第四巻「五・四運動」執筆予定者（野沢豊、平野《ひらの》和由《かずよし》、味岡《あじおか》徹《とおる》、笠原十九司、古厩忠夫、末次《すえつぐ》玲子《れいこ》、斎藤《さいとう》道彦《みちひこ》ら）を中心に、大学院生（高綱博文《たかつなひろふみ》ら）が加わっている。一九七八年の同講座刊行後は研究報告が中心になり、一九八〇年以降は斎藤道彦らによって中央大学人文科学研究所登録の研究団体となった。[27]

狭間直樹らは「五四運動の研究」班の成果を『五四運動の研究』としてまとめ、一九八二年から刊行を開始した（全五函一八分冊。最終函の刊行は一九九二年）。同シリーズの冒頭で狭間は従来の主張に基づき「半植民地中国においては、そのブルジョア的発展の未熟に照応してプロレタリアートの形成も不十分だったのだが、五四運動のなかで、中国のプロレタリアートはブルジョアジーの政治的従属物であることを拒否し、未曽有の総〝罷工〟〔ストライキ〕を敢行した。そして、プロレタリアートが決起した結果として、運動は反日の枠をつきぬけて帝国主義一般との対決にまで至るのである」とし、五四運動におけるプロレタリアートの「指導」性と反帝国主義的性格を強調した。[28]これに対して野沢豊が「五四運動は反日・反安徽派の色彩をつよく帯びた民衆運動の集積であったとみる方が、全面的な反帝・反封建の闘争ととるよりも、より妥当とすべきであろう」と評し、[29]狭間が反論したことで論争化した。

前述のように野沢らはすでに「新民主主義論」の歴史観そのものに否定的だった。そのため彼らが五・四運動史研究会の成果をまとめて刊行した『五・四運動史像の再検討』（一九八六年）の内容は、戦後の中国近現代史研究自体の見直しにまで及んだ。

もともと、「新民主主義論」とは、抗日戦争中に提起された新政府構想とのかかわりにおいて論じられたものであり、この規定には歴史的特殊性がある。したがって、わたくしは、この規定にとらわれない。

……わたくしは、一九一一―二年の辛亥革命から一九四九年の中華人民共和国成立までを一時代としてとらえ、これを民国史という研究対象領域として独立させる。

……五・四運動はこの〈民国〉前期における大衆運動のピークの一つであり、山東問題をめぐる民族運動（ナショナリズム、愛国運動）を基本的性格として、とらえられるものである。

五・四運動が山東主権回収運動のピークであり、民族運動であって、「革命運動」ではないというわたくしの観点は、従来の近現代中国社会を「半植民地半封建社会」とする規定や「軍閥政府」論をも見直しの対象とするものである……[30]

……

このため一九八七年には東京で両者によるシンポジウムが開かれるに至った。ただ、笠原十九司の基調報告が戦後日本の五四運動研究の大まかな流れとその問題点を指摘したのに対し、狭間直樹の基調報告が『五・四運動史像の再検討』に対して詳細な批判を行ったように、全体に論点がすれ違っており、意見交換を通じて五四運動への認識を深めるというよりも、双方の立場の確認に終わった印象が強い[31]。ただしこの後、狭間直樹の京大人文研中国近代史研究班も「一九二〇年代の中国」（一九八八―一九九三年）を経て、「梁啓超の研究――その日本を媒介とした西洋近代認識について」（一九九三―一九九七年）以降は改革派の梁啓超や清末の日中関係史を対象とするものにシフトしていき[32]、民衆運動史から遠ざかっていった。

溝口雄三の「革命中心史観」批判

一九八〇年代の中国研究の転換の中で焦点となった人物の一人が溝口雄三《みぞぐちゆうぞう》（一九三二―二〇一〇）である。もともと溝口は明代の思想史からスタートし、近世の日中儒教の比較に関する研究などを専門としていた。溝口は一九七〇年代から日本の中国思想史研究に対する批判的な発言を行ってきたが、それが大きな注目を集めるきっかけとなったのが、溝口が東京大学文学部着任前後に発表した「「中国の近代」をみる視点」（一九八〇―一九八一年）である。溝口は同論文で戦後日本の中国観を竹内好に代表させ、これを強く批判した。

その場合その〔津田左右吉らの近代主義的中国観を批判する〕有力なよりどころの一つが、たとえば竹内好氏の「魯迅」や「中国の近代と日本の近代」にみられる中国観であったろう。それは日本のいわゆる脱亜的な近代主義を自己批判し、その反面それの対極におしやられていた中国に、かえってあるべきアジアの未来を憧憬したものであり、端的にいうならばわたくしたちの中国研究の起点には基本的にこの憧憬が、まずあった。この憧憬なるものは、さまざまの日本内的自己意識、すなわち日本の近代百年にかかわるさまざまの反あるいは非日本意識の対極に、いわば反自己意識の投影像として自己内に結ばれたそれにむけられたもので、だからそれはあらかじめ主観的なものであった。憧憬は客観的な中国に対してではなく、主観的に自己内に結像された「わが内なる中国」にむけられたものであった。[33]

つまり、「わが内なる中国」という問題意識は、むしろ現実の中国の不在をもたらし、それが文革の礼賛という誤った中国観を招いたとしたのである。その上で溝口は、ヨーロッパへの抵抗を「中国の近代」とする竹内の議論に対して、中国の近代とヨーロッパの近代はそもそも別個のものだとして、前近代からの連続性、内発的発展の要素を重視すべきと主張した。

溝口雄三

事実はといえば、もともと中国の近代はヨーロッパを超えてもいなければ、とり残されてもたちおくれてもいない。それはヨーロッパとも日本とも異る歴史的に独自の道を、最初から辿ったのであるし、今でもそうなのである。

……中国の近代はほかならぬそれ自身の前近代をあらかじめ母胎としており、したがってそれは中国の前近代の歴史的独自性をみずからの内に継承するものである。……いいかえれば、もともと中国はヨーロッパ的近代への趨向をはなからもたなかったのであり、それは〔西欧型に追随する条件の〕「欠如」や「虚無空白」というよりは、やむにやまれぬ中国的近代の充実であり、その充実の継承のゆえに彼らはまたその前近代の母斑の制約をうけざるをえない。そしてついでにいえば、その制約との葛藤のあらわれの一つがたとえば文化大革命の「十年の動乱」でもあろうというのである。[34]

中国の近代をヨーロッパの近代と完全に切り離し、専ら前近代との連続性を強調する（その意味で津田左右吉とも共通する）点に溝口の議論の特徴がある。この点で溝口は、資本主義の成立をもって「近代」とみなすマルクス主義の発展段階論などとは「近代」の捉え方自体が異なっていたと言える。なお溝口は最終的には日本、中国、ヨーロッパの全てを相対化した多元的な世界認識を目指すとしていた。[35] ただ、溝口自身がそうした世界史の構想を具体的に示すことはなかったため、結果として「われわれ」と中国の異質性、中国の独自性の強調で終わってしまった感も否めない。

溝口はこの後、「近代中国像は歪んでいないか」（一九八三年）や「ふたたび〈近代中国像〉をめぐって」（一九八六年）で、芝原拓自、近藤邦康、久保田文次、中村義、小野川秀美、西順蔵らの洋務論を取り上げ、アヘン戦争と「西洋の衝撃」を近代の開始とする時代区分、そして「革命」を最初から到達点として設定し、そこから遡及的に中国近代史の展開を描く歴史観（後に「革命中心史観」と呼ばれるようになる）として激しく批判した。こうした溝口の議論には当然ながらさまざまな反論が寄せられたものの、その反論が「近代中国像」のあり方ではなく、個々の事実認定の是非を中心になされたこともあり、議論はかみ合わなかった。[36] また、次章に見る一九九〇年代以降の中国近代史研究のさらなる変化から、溝口の議論を直接継承した日本の研究者はいない。ただ、革命中心史観への批判という点はその後の研究に基本的に受け入れられ、現在に至っている。

濱下武志の「朝貢貿易システム」論

同じく一九八〇年代から一九九〇年代にかけて大きな影響力を持ったのが濱下武志《はましたたけし》（一九四三―、東京大学東洋文化研究所）の「朝貢貿易システム」論である。濱下はウォーラーステインの世界システム論などの影響の下、明清時代の東アジア・東南アジアでは、朝貢に基づく多角的な交易ネットワークが発達し、独自の地域システムとして機能していたと主張した。そして「本稿は、アジアを一つの歴史的システムとして捉えようとする試みである。そこに存在した朝貢システムの変容に対して如何に係わったかという点が、近代を検討する不可欠の要締〔諦〕であるとするならば、近代は西洋の衝撃とそれへの対応の程度で測られるのではなく、それをも手段として伝統的システムに還元させ、そのより基底的な特質を如何に顕在化させていったのか、その展開のあり方こそが吟味されなければならない」[37]、「伝統は本来近代と対比されるべきものではなく、むしろ近代を生んだ土壌として捉えられるべきであり、近代の性格自

濱下武志

体が伝統によって制約されているという関係を見る必要がある」[38]とした。これはやはり、西欧を基準とした発展段階をアジアに当てはめること、アジアの近代史を「西洋の衝撃」に対する反応として描くことを批判し、アジアの独自性や内発的要因を重視すべきという主張だった。こうした主張は、明清史からの中国近現代史への提言という点でも溝口と共通していた。

アジアに、中国との朝貢を媒介にした独自の広域地域秩序が存在し、それが近代以降にまで影響を及ぼしているとする濱下の「朝貢貿易システム」論は、そのスケールの大きさと画期性により一世を風靡した。濱下の議論には、後に実証的な面から、あるいは西洋中心主義に中国中心主義を対置するのでは逆に「アジア」というものを実体化してしまうのではないか、といった視点から批判も寄せられている[39]。ただ、そうした朝貢やアジアの域内関係をめぐる議論の高まり自体が、濱下の影響を受けたものだったとも言える。

このように一九八〇年代にはヨーロッパに対するアジアの独自性を強調する議論が高まった。これは日本に限らずアメリカの学界などにも類似した傾向であり、その背景には同時代のアジアの経済発展に対する関心の高まりや、西洋中心主義への批判があった。たとえば、フェアバンクの学生だったポール・コーエン（Paul A. Cohen、一九三四―）は『中国に歴史を発見する』（*Discovering History in China*, 1984）で、西洋との接触が中国に近代化をもたらしたとするフェアバンクらの「西洋の衝撃―中国の反応」アプローチと、中国の「正常な」発展の筋道を西洋・日本が妨害したという、ＣＣＡＳに代表される「帝国主義」アプローチの双方を批判した。そして内発的発展を重視し、西洋の尺度を当てはめるのではない「中国自身に即した」アプローチ（China-centered approach）を提起していた。[40]

中国社会の「実像」を求めて

マルクス主義の影響力の低下と「客観性」の重視、そして中国の独自性の強調という潮流の中で、一九八〇年代には中国社会に対する研究の視点も大きく変化した。特に同時代の中国の実情が報道などで伝えられ（船橋洋一《ふなばしよういち》『内部――ある中国報告』〔一九八三年〕など）、さらに実際に中国を訪問したり留学したりすることができるようになると、中華人民共和国成立から三〇年余りを経てなお、中国社会に伝統的な要素が色濃く残存していることが明らかになった。

こうした中で生まれた動きの一つに、戦前の現地調査の再評価がある。内山雅生《うちやままさお》、三谷孝、今井駿らは一九七七年に「中国農村慣行調査研究会」を組織し、『中国農村慣行調査』の読み直しを始めた（初期の会員は他に末次玲子、浜口允子《はまぐちのぶこ》、勝木茂雄、笠原十九司、リンダ・グローブ、深谷静正ら）。さらに彼らは一九九〇年から一九九五年にかけて戦前の農村慣行調査が対象とした村を再訪し、聞き取りなどを行った。[41]

一九八一年には『中国農村慣行調査』が再刊され、同時期のアメリカでもこれを利用した華北農村社会に関する研究が展開された。フィリップ・ホアン（黄宗智、Philip C. C. Huang、一九四〇―）の『華北の農民経済と社会変化』（*The Peasant Economy and Social Change in North China*, 1985）や、プラセンジット・ドゥアラ（Prasenjit Duara）の『文化、権力、国家』（*Culture, Power, and the State: Rural North China, 1900-1942*, 1988）などがその代表である。

内山雅生（明治大学大学院文学研究科修了、金沢大学経済学部）は『中国農村慣行調査』を用いて『中国華北農村経済研究序説』（一九九〇年）をまとめたが、その中で「農村社会の解明といっても、単に社会経済的特徴をまとめるにとどまらず、具体的な農民の生活を研究対象として、農村社会の基層部の構造と動向を把握する必要がある。従って本書は、いわば草の根レベルでの農民の実像を、種々の欲望、したたかなその姿をも含めて、懸命に毎日を過ごす農民の姿を静態的に描き出すことに努力した」と述べている。[42]専ら社会経済史と民衆運動の視点から農民を捉えようとしてきた従来の研究に対し、農民の日常生活などの「実像」を明らかにすることを主張したのである。

同様の問題意識に基づく研究会として、東京大学教養学部の小島晋治研究室での清代農民反乱史料の読書会から発展した「中国民衆史研究会」と会誌『老百姓《ラオパイシン》の世界――中国民衆史ノート』（一九八三―一九九一年。執筆者は小島の他、上田《うえだ》信《まこと》、並木《なみき》頼寿《よりひさ》、原島《はらしま》春雄《はるお》、佐藤《さとう》公彦《きみひこ》、春名《はるな》徹《あきら》、金丸《かなまる》良子《よしこ》、大里《おおさと》浩秋《ひろあき》、内田《うちだ》知行《ともゆき》、嶋本《しまもと》信子《のぶこ》、菊池《きくち》秀明《ひであき》、中生《なかお》勝美《かつみ》、武内《たけうち》房司《ふさじ》、福本《ふくもと》勝清《まさきよ》、藤谷《ふじや》浩悦《こうえつ》、リンダ・グローブ、栗原《くりはら》純《じゅん》、茂木《もてぎ》敏夫《としお》ら）が挙げられる。

この時期には文革中に弾圧されていた民間信仰や宗族祭祀などの活動が徐々に再開されたこともあり、中国農村における宗教の役割に対する関心も高まった。たとえば佐藤公彦（一橋大学大学院社会学研究科修了、東京外国語大学外国語学部）は「初期義和団運動の諸相」（一九八二年）などで、「異人」である外国宣教師が「民衆の伝統的共同性の世界」に対する脅威となり、民衆が保護を渇望したことが、祖師や真武神からの恩寵＝カリスマを有する大刀会への人々の結集をもたらしたとした。[43]武内房司（東京大学大学院人文科学研究科修了、学習院大学文学部）の「清末四川の宗教運動」

（一九九〇年）も、神の啓示を示す扶鸞《ふらん》や宣講といった宗教結社の具体的な活動に焦点を当て、その宗教的世界観や社会的機能を内的に解明しようとした。(44)

この他、上田信「村に作用する磁力について――浙江省鄞《ぎん》県勤勇村（鳳渓村）の履歴」（一九八六年）、中生勝美『中国村落の権力構造と社会変化』（一九九〇年）、路遥《ろよう》、佐々木衛《ささきまもる》編『中国の家・村・神々――近代華北農村社会論』（一九九〇年）、石田浩《いしだひろし》『中国農村の歴史と経済――農村変革の記録』（一九九一年）など、この時期には現地調査と社会人類学的な分析手法によって、農民の日常生活、宗族や近隣との関係、村内部の権力関係、規範意識、習慣や信仰などから、中国社会の固有の性格を明らかにしようとする研究が盛んに行われた。(45)

こうした中国農村の捉え直しについて理論的にまとめたのが明清史の岸本美緒（東京大学文学部）による「モラル・エコノミー論と中国社会研究」（一九九〇年）だった。岸本は、東南アジアの農民の行動における功利主義とモラルや宗教の関係を論じたJ・C・スコットやS・ポプキンの「モラル・エコノミー」論を補助線に、西洋起源のモデルに基づいて中国史の発展を説明しようとした戦後日本の時代区分論や、集団の範囲を固定的に捉える共同体論を批判し、西洋的な概念をいったん相対化し、「中国地方社会に生きる人々の目に映っていた秩序のかたちを虚心に解読すべく試みる」ことを主張した。(46)

同じ時期になされた前近代史からの中国社会像の見直しと再理論化の試みとして、中国史研究会のものがあげられる。これは京都大学東洋史研究室の島居一康《しますえかずやす》、吉田浤一《よしだこういち》、足立啓二《あだちけいじ》、大澤正昭《おおさわまさあき》、渡辺信一郎《わたなべしんいちろう》、宮沢知之《みやざわともゆき》らが一九七五年頃に始めた共同研究から発展したもので、その成果は後に

『中国史像の再構成――国家と農民』（一九八三年）、『中国史像の再構成Ⅱ――中国専制国家と社会統合』（一九九〇年）などにまとめられた。彼らはそもそも「世界史の基本法則」が前提とする「封建制」概念は中国に適用できないとし、二〇〇〇年をこえる王朝専制支配と、それを支える広汎な小農民による小経営生産方式の展開を軸に中国史像を再構成することを主張した。[47]

同じ時期には、小島晋治も「太平天国研究を振り返って」（一九八八年）で、ドイツ農民戦争や日本の百姓一揆が農奴制や幕藩体制といった旧体制の否定に向かったのに対し、太平天国は「旧来の王朝末期の反乱と同じように、旧来のものと本質的に異質な農業制度、土地制度、政治制度の変革を含まない、つまり、本質的には前代と同じような王朝として再生産された」とし、その理由を「中国の前近代社会が、西ヨーロッパの中世封建社会や、日本の幕藩体制社会などと非常に異なった構造を持っていたこと」に求めていた。[48] ここでも西洋・日本に対する中国社会の特殊性と長期にわたる連続性が強調され、かつての農民運動による変革という見方は完全に否定された。このためこれ以降、太平天国「革命」や義和団「運動」といった呼び方自体が次第になされなくなっていく。

経済史の分野でも従来の歴史観の見直しは進んだ。久保《くぼ》亨《とおる》（東京大学東洋文化研究所）の「戦間期中国経済史の研究視角をめぐって」（一九八二年）は、毛沢東の「半植民地半封建社会」論について、中国の資本主義化に対する帝国主義の影響を「促進」か「阻害」かという二元論でのみ捉えたこと、列強ごとの中国進出のあり方の違いや時期ごとの変化を無視したこと、資本家階級についても「民族資本」と「買弁官僚資本」と二元論的に単純化し、また後者が資本主義化に果たした役割を全否定したこと、「封建制」の規定が曖昧であることなどを挙げて明確に批判した。[49] この問題提起を受け、宮田道昭《みやたみちあき》（明治大学大学院文学研究科修了、神戸女学院大学）の「一九世紀後半期、中国沿岸部の市場構造」（一九八六年）も、従来の研究において「半植民地半封建社会」という「概念規定が実態の解明に先行し、結論があらかじめ決められていた」ことを批判し、「実態の解明から出発すべき」として、外国綿布の流入に対して土布が頑強に抵抗した事例を取り上げた。そして、中国内部の市場流通の大動脈だった沿岸貿易において、清末に確かに外国船舶が増加したものの、中国船舶も併存し続け、また流通そのものにも大きな変化はなかったことを指摘した。(50) 本野英一《もとのえいいち》（オックスフォード大学大学院）の「一八六〇年代上海に於ける買辦登録制度の挫折と輸出取引機構の改変」（一九九〇年）も、買辦とイギリス商社との訴訟事件の分析を通じて、在華外国商社が中国国内市場の支配権をめぐって中国商人ギルドと争って勝つことができず、条約港内部に活動範囲を限定されることになったとした。(51) 森時彦（京都大学人文科学研究所）の「中国紡績業再編期における市場構造」（一九九二年）は、一九二〇年前後の「黄金時期」と「一九二三年恐慌」後の再編期に、沿海地方の日本資本紡績業と、内陸地方の中国資本の紡績業が、棲み分けしつつ同時並行的に発展する状況が生じていたとした。(52) これらの研究はいずれも、「新民主主義論」の歴史観の根幹をなす半植民地・半封建概念や、帝国主義と民族資本は相容れないとする二元論的な見方を実証的に否定するものだった。溝口雄三による洋務派再評価という問題提起に触発を受け、鈴木智夫も一九八〇年代の研究を中心に『洋務運動の研究』（一九九二年）をまとめている。

研究分野の多様化

一九八〇年代の日本の中国近現代史研究の傾向として、研究分野の多様化が挙げられる。特にこの時期には、前述した中国農村慣行調査研究会のように、中小規模の研究会や学会が研究資金を獲得して特定のテーマに関するプロジェクトを遂行し論文集を刊行する研究手法が一般化した。主なものをまとめると一七四―一七五頁の表のようになる。

それぞれの名称や活動内容からも、民衆運動史への関心が低下する一方で、革命中心史観から抜け落ちていた女性史、地域史、都市社会史などに研究領域が拡散したことが見て取れる。先行する日本史・西洋史の影響から、医療衛生史、メディア史、スポーツ史などの新しい社会史的研究や、外交史、法制史などの分野の研究も次第に増加した。学際性を強調する学会が見えるのには、この時期に後述のように研究の細分化への批判、分野横断的な研究の必要性が叫ばれていたことの影響が考えられる。中華民国の大陸統治期を一つの対象として検討する「民国史」研究の主張も次第に影響力を強めた。これらの研究会・学会の成果は、続く一九九〇年代から二〇〇〇年代にかけて次々と刊行された。

ただ、このように中小規模の分野別研究会や学会が増加した一方で、全国規模の総合学会については、中国研究の脱イデオロギー化が進んだ後も、戦後初期に組織された現代中国学会やアジア政経学会がほぼそのまま存続していた。これについては後に飯島《いいじま》渉《わたる》が、日本社会への発信力の欠如という視点から、「中国史」の統一的学会ができなかったことを問題視している。[53]

またこの時期以降、マルクス主義というグランド・セオリーの消滅、時代区分論争に代表される論争の時代の終焉にともなって個別実証研究の細分化が進み、「体系化」への意欲が失われたという批判的な意見もある。(54) 確かに唯物史観に基づく研究において、農村社会の構造分析が政治史や思想史に直結していたのに対し、経済構造や宗教思想などがそれぞれ相対的に独立した世界を持つとする見方では、他の領域との関係や歴史の全体的な把握が困難になることは確かであろう。革命中心史観が相対化され、近現代の中国社会を多様な側面から捉えることができるようになった反面、それらが一つの像を結びにくくなったとも言える。ただこれに対しては「トータルな歴史像」という発想自体が一九―二〇世紀の歴史的産物だとする石川禎浩《いしかわよしひろ》の批判や、「体系化」はかつてのようにアプリオリな大理論の枠組みを導入することによってではなく、過去あるいは他地域の研究との対話の中で試行錯誤的に進めるべきだという岸本美緒の提言もなされている。(55)

一九七〇―一九八〇年代の中国研究の特徴

日中国交樹立に始まり、改革開放政策の展開に至る一九七〇年代から一九八〇年代は、日本の中国研究にとって再度の大きな転換の時期となった。

主体性の強調から客観性の重視へ、近代化論批判や中国停滞論の打破、変革主体の探求といった目的意識の消失、そしてそれらの前提となっていたマルクス主義や「新民主主義論」の歴史観の影響力の急速な減退がこの時期の研究全体に見られる特徴である。研究の実証性や客観性が強調される一方、イデオロギー離れや、学問と現実政治の分離も進んだ。結果としてこれ以降、近代化論によって中国の近現代史を説明する研究が一般的になった。五四運動をめぐる論争はこの移行の過渡

名称	成立年	趣旨、活動内容	初期参加者	刊行物
民国史研究会	1988年	中央大学人文科学研究所の五・四運動史研究会の後継。責任者は斎藤道彦。前述の民国史研究会とは同名の別組織。南京国民政府期・日中戦争期の研究から活動を開始。	笠原十九司、末次玲子、江崎隆哉、大田敏博、味岡徹、蔡建国、廖赤陽、高綱博文、青柳純一、帆刈浩之、姫田光義、市田真理、土田哲夫、井上久士ら。	論文集『日中戦争——日本・中国・アメリカ』(1993年)など(61)。
日本上海史研究会	1990年	代表は古厩忠夫。現実の中国との交流拡大、中国における上海研究の活性化を受け、都市社会という視点から新たな上海像を模索する。	石島紀之、上原一慶、加藤浩志、金子肇、菊池敏夫、小浜正子、曽田三郎、高田幸男、高綱博文、高橋孝助、陳祖恩、甫喜山精治ら。	『上海史』(1995年)など(62)。
アジア教育史学会	1991年	東洋教育史学会(1949年-)を改組して成立。研究地域の拡大、各方面の研究の比較検討・連携強化を掲げる。		会誌『アジア教育史研究』(1992年-)(63)。
中国女性伝記研究会(後、関西中国女性史研究会と改称)	1993年ころ活動開始。	参加者の専門分野は中国語学、古典文学、近現代文学、考古学、近代史、教育史、思想史、社会学など多様。	研究課題「ジェンダーからみた中国の「家」と「女」」の参加者は野村鮎子、林香奈、中山文、筧久美子、成田静香、西川真子ら(64)。	
東アジア近代史学会	1995年	日清戦争百周年記念シンポジウムが母体となり、日本史・東洋史・西洋史、政治史・外交史・社会史などの枠組みを超えた学際的・総合的研究を掲げる。		会誌『東アジア近代史』(1998年-)、論文集『日清戦争と東アジア世界の変容』(1997年)など(65)。

名称	成立年	趣旨、活動内容	初期参加者	刊行物
中国女性史研究会	1977年	男性本位に書かれた歴史像から欠落してきた女性の歴史の掘り起こしと歴史の全体像の構築、不平等な男女関係の形成と克服の過程を明らかにする。	末次玲子、前山加奈子、佐藤明子、柳田節子ら。	会誌『中国女性史研究』(1989年-)、論文集『中国女性解放の先駆者たち』(1984年)、『中国女性運動史1919-49』(1994年)など[56]。
民国史研究会	1980年	山田辰雄が日本国際政治学会東アジア国際政治史研究分科会の一部として設けたもの。中華民国期の統治政党だった中国国民党およびその他の政治勢力を研究にとりこむことで中国現代史の再構成を試みる。	横山宏章、姫田光義、久保亨、嵯峨隆、中嶌太一、高橋久志、宇野重昭、石井明、石島紀之、栃木利夫ら[57]。	
広島中国近代史研究会	1982年	横山英、楠瀬正明、曽田三郎らが発起、広島大学の大学院生・学部生をメンバーとして発足。個々のテーマを中国近代史の中にどのように位置づけるかを課題として掲げる。	伊原弘介、中山義弘、田中仁、笹川裕史、岸田修、金子肇、水羽信男、松重充浩、貴志俊彦、丸田孝志、富澤芳亜ら。	論文集『中国の近代化と地方政治』(1985年)、『中国の近代化と政治的統合』(1992年)など[58]。
孫文研究会	1983年	神戸の孫中山記念館(現・孫文記念館)および運営に当たる孫中山記念会の活動推進を目的に成立。孫文に関する研究報告の他、孫文に関する史料の発掘や整理を行う。代表は山口一郎。	陳徳仁、笠井清、松本英紀、大西寿子、安井三吉、伊地智善継、池田誠、今里禎、彭沢周、林要三、加賀谷寛、藤井昇三、中村哲夫、北村稔、堀川哲男、狭間直樹、松尾康憲、寺広映雄、西村成雄ら。	会誌『孫文研究会会報』(1984年-、後、『孫文研究』と改題)、シンポジウム記録『孫中山研究日中国際学術討論会報告集』(1986年)、『孫文とアジア』(1993年)など[59]。
東大中国学会(後、中国社会文化学会と改称)	1985年	溝口雄三らが中心となって東大中哲文学会(漢学会・東京支那学会の後身)を改組し成立。明治以来の学部・学科制の枠組みを脱し、研究対象を歴史学、法学、経済学を含む人文・社会・自然諸科学の全分野にまで拡大する。		会誌『中国——社会と文化』(1986年-)[60]。

期で起きたものとも言える。

溝口雄三や濱下武志が明清史研究から問題提起したように、中国もしくはアジアの独自性、内発的要因を重視する主張が高まったのもこの時期の特徴である。特に対外開放によって中国への訪問や現地調査が可能となると、中国社会の伝統からの連続性、日本や西洋との構造的な違いがこれまで以上に注目されるようになった。農村に対する研究でも、従来の農民運動から、宗教や民俗文化などを含む農民の生活や中国農村社会の構造的特徴自体の解明へと関心が移った。もっとも、文革中には中国の特殊性が肯定的に評価されたのに対し、一九八〇年代には中国の特殊性はむしろ近代化の阻害要因と位置づけられがちだったという違いがあった。

なお一九七〇年代半ばから一九八〇年代初頭にかけては、村松祐次（一九七四年没）、里井彦七郎（一九七四年没）、竹内好（一九七七年没）、小野川秀美（一九八〇年没）、天野元之助（一九八〇年没）、西順蔵（一九八四年没）と、戦前に学問形成し、戦後の中国研究を開始した世代が退場していった時期でもあった。中国研究所関係者でも、中西功（一九七三年没）、岩村三千夫（一九七七年没）、平野義太郎（一九八〇年没）、野原四郎（一九八一年没）らが相次いで世を去っていた。こうした世代交代も、この時期の中国研究の転換に影響を及ぼしたと考えられる。

いずれにせよ、文革や論争の時代の終焉によって、中国を特別視し、自らの理想を投影する類の関心が低下した一方で、冷めた目で中国を分析することができるようになった時代だったと言える。一九八〇年代には日本のＧＤＰは中国の数倍で、国力の差は歴然としていた。鄧小平ら中国の指導者は日本に学ぶことを公言し、日中関係は日本優位の「蜜月期」にあった。戦後最も中国が「与しやすく」見えた時代だったと言えるかもしれない。一九八〇年代には、南京事件、教科書問題や靖国参拝問題など、後に大きな問題となる「歴史認識」をめぐる摩擦も表面化し始めていたが、「日中友好」の雰囲気の下で双方の対応はなお抑制的だった。こうした一種の安定を終わらせ、日本の中国研究にふたたび衝撃と緊張をもたらしたのが、一九八九年の天安門事件であり、その後の中国の急速な台頭だった。

注

(1) 徳田教之『毛沢東主義の政治力学』慶應通信、一九七七年。
(2) 加々美光行訳編『資料　中国文化大革命――出身血統主義をめぐる論争』りくえつ、一九八〇年、一〇頁。
(3) 岡部達味『中国の対日政策』東京大学出版会、一九七六年、一九―二〇頁。前掲伊藤「日本の中国研究」二五―二七頁。
(4) 宇野重昭『中国と国際関係』晃洋書房、一九八一年、iv・vi頁。
(5) 竹内好「講和の原点」『朝日ジャーナル』第一四巻第三五号、一九七二年九月一日。
(6) 衛藤瀋吉「大国におもねらず小国も侮らず」『中央公論』第八七年第一〇号、一九七二年一〇月。張競、村田雄二郎「解説」張競、村田雄二郎編『日中の一二〇年――文芸・評論作品選五　蜜月と軋み一九七二―』岩波書店、二〇一六年、三〇四―三〇九頁。
(7) 古厩忠夫「中国における労働者階級の形成過程――一九一〇年代湖南省におけるプロレタリアと半プロレタリア」『歴史学研究』第三八三号、一九七二年四月。こうした問題提起を受けた労働運動史見直しの試みとして、古山隆志、菊池敏夫、高綱博文らの「中国労働運動史研究会」（一九七六―一九九一年）と会誌『中国労働運動史研究』（一九七七―一九八七年）がある。菊池敏夫、高綱博文「中国労働運動史研究会の軌跡」『近きに在りて』第四三号、二〇〇三年八月。なお同会会員の一部は後述の日本上海史研究会に移行している。

(8) 清水稔「辛亥革命研究に関する覚え書き――特に「変革の主体」をめぐる研究動向について」『名古屋大学東洋史研究報告』第二号、一九七三年一二月。

(9) 小林一美「抗租・抗糧闘争の彼方――下層生活者の想いと政治的・宗教的自立の途」『思想』第五八四号、一九七三年二月。後、小林一美『中華世界の国家と民衆』上、汲古書院、二〇〇八年、に収録。

(10) 谷川道雄『隋唐帝国形成史論』筑摩書房、一九七一年、一八―二四頁。

(11) 衛藤瀋吉『近代中国政治史研究』東京大学出版会、一九六八年、同『東アジア政治史研究』東京大学出版会、一九六八年。

(12) 坂野正高『近代中国外交史研究』岩波書店、一九七〇年、同『近代中国政治外交史――ヴァスコ・ダ・ガマから五四運動まで』東京大学出版会、一九七三年。

(13) 岡本隆司「「東アジア」と「ユーラシア」――「近世」「近代」の研究史をめぐって」『歴史評論』第七九九号、二〇一六年一一月。

(14) 波多野善大『中国近代軍閥の研究』河出書房新社、一九七三年。

(15) 中嶌太一『中国官僚資本主義研究序説――帝国主義下の半植民地的後進資本制の構造』滋賀大学経済学部、一九七〇年、島一郎『中国民族工業の展開』ミネルヴァ書房、一九七八年。

(16) 坂野正高、田中正俊、衛藤瀋吉編『近代中国研究入門』東京大学出版会、一九七四年、四〇七頁。

(17) 松本武彦「辛亥革命研究会」『近きに在りて』第三号、一九八三年三月。

(18) 野沢豊「中国の国民革命についての序論的考察」野沢豊編『中国国民革命史の研究』青木書店、一九七四年、三―四頁。

(19) 野沢豊「講座刊行にあたって」野沢豊、田中正俊編集代表『講座中国近現代史一　中国革命の起点』東京大学出版会、一九七八年、v頁。

(20) 姫田光義「総論」野沢豊、田中正俊編集代表『講座中国近現代史五　中国革命の展開』東京大学出版会、一九七八年、四・六頁。

(21) 前掲並木「日本における中国近代史研究の動向」一六―一七頁。

(22) 「中国現代史研究会の歩み」『現代中国研究』第一号、一九九七年一〇月。

(23) 馬場公彦『現代日本人の中国像――日中国交正常化から天安門事件・天皇訪中まで』新曜社、二〇一四年、五五—七五頁。

(24) 天児慧『中国革命と基層幹部——内戦期の政治動態』研文出版、一九八四年、小島朋之『中国政治と大衆路線——大衆運動と毛沢東、中央および地方の政治動態』慶應通信、一九八五年、加々美光行『逆説としての中国革命——〈反近代〉精神の敗北』田畑書店、一九八六年、小島朋之『中国の政治社会——ポスト鄧小平を探る』芦書房、一九八六年、小島朋之『変わりゆく中国の政治社会——転換期の矛盾と摩擦』芦書房、一九八八年、天児慧『中国改革最前線——鄧小平政治のゆくえ』岩波書店、一九八八年、などを参照。

(25) M・セルデン、J・W・エシェリック、中村義、山極晃「座談会　中国認識の再検討——近代史研究の視点から」『世界』第三九五号、一九七八年一〇月。

(26) 野沢豊「発刊の辞」『近きに在りて』第一号、一九八一年八月。

(27) 味岡徹「五・四運動史研究会」『近きに在りて』第二号、一九八二年九月。

(28) 狭間直樹『京都大学人文科学研究所共同研究報告　五四運動の研究一　五四運動研究序説』同朋舎出版、一九八二年、六頁。

(29) 野沢豊「京都大学人文科学研究所『五四運動の研究』——時宜にかなった歴史の見直し」『朝日ジャーナル』第二四巻第三五号、一九八二年八月二七日。後、野沢豊「五四運動史研究についての往復書簡——狭間直樹『五四運動研究序説——五四運動におけるプロレタリアートの役割』をめぐる著者との対話」『近きに在りて』第三号、一九八三年三月、に収録。

(30) 齋藤道彦「五・四運動史像再検討の視点」中央大学人文科学研究所編『五・四運動史像の再検討』中央大学出版部、一九八六年、一—二・二一頁。

(31) 中央大学人文科学研究所編『「五・四」運動研究史シンポジウム記録』中央大学出版部、一九八八年、「「五四運動」をめぐる学術論争——五四運動研究シンポジウムの記録」『季刊中国研究』第一三号、一九八八年一〇月。なお、狭間直樹『『五四運動の研究』の刊行を終えるにあたって』狭間直樹、森時彦編『京都大学人文科学研究所共同研究報告　五四運動の研究一八　総索引』同朋舎出版、一九九二年、五三頁、は当日の発言から一部内容に変更があるとしている。

(32) 狭間直樹「中国近代史研究を振り返って」『孫文研究』第三〇号、二〇〇一年七月。

(33) 溝口雄三「「中国の近代」をみる視点（一）」『UP』第九六号、一九八〇年一〇月。後、溝口雄三『方法としての中国』東京大学出版会、一九八九年、に収録。

(34) 溝口雄三「「中国の近代」をみる視点(二)」『UP』第九七号、一九八〇年一一月。後、前掲溝口『方法としての中国』に収録。

(35) 溝口雄三「方法としての中国」『UP』第一七一号、一九八七年一月。後、前掲溝口『方法としての中国』に収録。

(36) 久保田文次「近代中国像は歪んでいるか――溝口雄三氏の洋務運動史理解に対して」歴史学会『史潮』新一六号、一九八五年三月、など。本野英一、坂元ひろ子「一九八五年の歴史学界――回顧と展望(中国・近代)」『史学雑誌』第九五編第五号、一九八六年五月、も参照。

(37) 濱下武志「朝貢貿易システムと近代アジア」『国際政治』第八二号、一九八六年五月。後、浜下武志『近代中国の国際的契機――朝貢貿易システムと近代アジア』東京大学出版会、一九九〇年、に収録。

(38) 濱下武志「伝統経済と現代化問題」『日中京都シンポジウム――アジア・太平洋地域の発展と地域間交流』総合研究開発機構、一九八六年。後、前掲浜下『近代中国の国際的契機』に収録。

(39) たとえば、岸本美緒「アジアからの諸視角――「交錯」と「対話」」『歴史学研究』第六七六号、一九九五年一〇月、杉原薫「近代アジア経済史における連続と断絶――川勝平太・浜下武志氏の所説をめぐって」『社会経済史学』第六二巻第三号、一九九六年九月、本野英一「アジア経済史研究者からの三つの質問」川勝平太編『グローバル・ヒストリーに向けて』藤原書店、二〇〇二年、などを参照。

(40) 前掲コーエン『知の帝国主義』。

(41) 三谷孝「『中国農村慣行調査』研究会〈その二〉」『近きに在りて』第九号、一九八六年五月、内山雅生「中国農村慣行調査研究会座談会の記録(二)」『近代中国研究彙報』第四一号、二〇一九年三月。

(42) 内山雅生『中国華北農村経済研究序説』金沢大学経済学部、一九九〇年、二頁。

(43) 佐藤公彦「初期義和団運動の諸相――教会活動と大刀会」歴史学会『史潮』新一一号、一九八二年八月。後、改稿して、佐藤公彦『義和団の起源とその運動――中国民衆ナショナリズムの誕生』研文出版、一九九九年、に収録。

(44) 武内房司「清末四川の宗教運動――扶鸞・宣講型宗教結社の誕生」『学習院大学文学部研究年報』第三七輯、一九九一年三月。

(45) 前掲並木「日本における中国近代史研究の動向」二〇頁。

(46) 岸本美緒「モラル・エコノミー論と中国社会研究」『思想』第七九二号、一九九〇年六月。後、岸本美緒『清代中国の物価と経済変動』研文出版、一九九七年、に収録。

(47) 中国史研究会編『中国史像の再構成――国家と農民』文理閣、一九八三年、中国史研究会編『中国史像の再構成II――中国専制国家と社会統合』文理閣、一九九〇年。

(48) 小島晋治「太平天国研究を振り返って――農民戦争説の再検討」『中国――社会と文化』第三号、一九八八年六月。

(49) 久保亨「戦間期中国経済史の研究視角をめぐって――「半植民地半封建」概念の再検討」『歴史学研究』第五〇六号、一九八二年七月。後、久保亨『二〇世紀中国経済史論』汲古書院、二〇二〇年、に収録。

(50) 宮田道昭「一九世紀後半期、中国沿岸部の市場構造――「半植民地化」に関する一視点」『歴史学研究』第五五〇号、一九八六年一月。後、宮田道昭『中国の開港と沿海市場――中国近代経済史に関する一視点』東方書店、二〇〇六年、に収録。

(51) 本野英一「一八六〇年代上海に於ける買辦登録制度の挫折と輸出取引機構の改変――ジャーディン・マセソン商会の活動を中心に」『史学雑誌』第九九編第七号、一九九〇年七月。後、本野英一『伝統中国商業秩序の崩壊――不平等条約体制と「英語を話す中国人」』名古屋大学出版会、二〇〇四年、に収録。

(52) 森時彦「中国紡績業再編期における市場構造――湖南第一紗廠を事例として」狹間直樹編『中国国民革命の研究』京都大学人文科学研究所、一九九二年。後、森時彦『中国近代綿業史の研究』京都大学学術出版会、二〇〇一年、に収録。

(53) 飯島渉「「中国史」が亡びるとき」『思想』第一〇四八号、二〇一一年八月。後、飯島渉『「中国史」が亡びるとき――地域史から医療史へ』研文出版、二〇二〇年、に収録。

(54) 前掲谷川「総論」二二一二五頁。

(55) 石川禎浩「通史と歴史像」前掲飯島、田中編『二一世紀の中国近現代史研究を求めて』九八―一〇〇頁、前掲岸本「戦後中国史学の達成と課題・総論」。これに対し、やはり「新たな歴史の全体像を提示する」必要があるとしたものに、奥村哲『中国の資本主義と社会主義――近現代史像の再構成』桜井書店、二〇〇四年、がある。

(56) 秋山洋子「日本における中国女性／ジェンダー史研究――中国女性史研究会の歩みを軸として」中国女性史研究会編『中国のメディア・表象とジェンダー』研文出版、二〇一六年。

(57) 山田辰雄「民国史研究会」『近きに在りて』第四号、一九八三年九月。

(58) 水羽信男「中国近代史研究会」『近きに在りて』第六号、一九八四年一一月、金子肇「中国近代史研究会」『近きに在りて』第一六号、一九八九年一一月。

(59) 山口一郎「孫文と孫文研究会・孫中山記念館」『近きに在りて』第四号、一九八三年九月、安井三吉「孫文研究会（その二）」『近きに在りて』第一四号、一九八八年一一月。

(60) 戸川芳郎「東大中国学会の現状について」『中国――社会と文化』第一号、一九八六年六月、溝口雄三「中国思想史における近代・前近代・近世」『中国哲学研究』第五号、一九九三年三月。

(61) 土田哲夫「民国史研究会」『近きに在りて』第三六号、一九九九年一二月。

(62) 古厩忠夫「おわりに」高橋孝助、古厩忠夫編『上海史――巨大都市の形成と人々の営み』東方書店、一九九五年。

(63) 鈴木正弘「アジア教育史学の開拓――アジア教育史学会二〇周年に至る歩み」古垣光一編『アジア教育史学の開拓』アジア教育史学会、二〇一二年。

(64) 筧久美子「関西中国女性史研究会（京都）」『女性史学』第一二号、二〇〇二年七月、「はしがき」関西中国女性史研究会編『ジェンダーからみた中国の家と女』東方書店、二〇〇四年。

(65) 大畑篤四郎「創刊の辞」『東アジア近代史』第一号、一九九八年三月。

第五章　中国の独自性／普遍性をめぐって
――天安門事件、反日デモ、そして大国化する中国
（一九九〇年代～二〇一〇年代）

「〔増淵龍夫が提起したのは〕中国史研究者は、「中国史の発展の検証」といった、自分にとってアクチュアルな課題を外在的に押し付けるのではなく、まず「中国の内側に入って、そこから問題を展開」させなければならない、という反省である。……

ただ同時に、こうした「内面的理解」が危うさをもっていることにも着目しなければならない。「常に現実の問題がふまえられている」中国の歴史学のあり方は、歴史学の政治への従属という問題と地続きである。

……今日の政治・社会問題の明確な定式化の上に立ち、その観点から過去の社会を見てゆこうとする方向と、逆に、そうした定式化が中国研究にとって外在的なものとなっていることに満足できず、中国社会のなかからその独自の論理を抽出してゆこうとする方向と。これは、中国史研究のなかで、いまだに解決のついていない課題であろうと考えられる。」（岸本美緒「中国史研究におけるアクチュアリティとリアリティ」歴史学研究会編『歴史学のアクチュアリティ』東京大学出版会、二〇一三年、一七・一九頁）

関連年表

1989　6 天安門事件おこる。12 米ソ、マルタ会談。東西冷戦終結。

1991　1-2 湾岸戦争おこる。12 ソ連崩壊。

1992　1-2 鄧小平、南方談話。10 中国共産党、「社会主義市場経済体制の建設」を掲げる。

1994　8「愛国主義教育実施綱要」発表。

1996　3 台湾で初の総統直接選挙実施。第三次台湾海峡危機。

1997　7 イギリス、中国に香港の主権移譲。

1999　5 駐ユーゴスラヴィア中国大使館誤爆事件をめぐる反米運動おこる。

2005　3-4 国連安保理問題・靖国参拝問題などをめぐる反日運動おこる。

2008　3 チベットで蜂起おこる。

2009　7 新疆で蜂起おこる。

2010　9 尖閣諸島沖漁船衝突事件おこる。12 中国、GDPで世界2位に。

2012　9 日本政府の魚釣島購入をめぐる反日運動おこる。

2014　3 台湾でひまわり学生運動おこる。9 香港で雨傘運動おこる。

2019　6 香港で逃亡犯条例改正反対運動おこる。12 新型コロナウイルスの流行はじまる。

1　天安門事件以後の日本の中国研究

天安門事件

中国では経済改革が一定の成果を上げる一方、政治体制の改革は進まず、貧富の格差の拡大やインフレ、官僚の汚職に対する社会の不満が高まった。政治改革を推進しようとした胡耀邦《こようほう》総書記が一九八七年に失脚させられ、一九八九年に死去すると、その追悼活動から、学生や市民による大規模な民主化要求運動が起きた。彼らが北京の天安門広場で座り込みを始めると、鄧小平はこれを「動乱」と規定して批判し、対立が深まった。最終的に中国政府は戒厳令を発して武力による運動の弾圧を選択し、多数の死傷者を出した。この事件はちょうどソ連共産党書記長ゴルバチョフの北京訪問と重なったことで世界に報道され、大きな衝撃をもたらした。

アメリカを中心とする西側諸国は民主化運動の武力弾圧を非難し、中国に対する経済制裁を実施した。危機感を強める中国政府は、そうした批判は内政干渉であり、「和平演変」（非軍事的手段による体制転覆）の企てだと強く反発した。

民主化運動とその後の天安門事件に対しては日本でも非常に関心が高まり、大きく報道された。

ジャーナリストや現状分析家はリアルタイムで事態の推移を注視し、論評した。たとえば中嶋嶺雄は今回の民主化運動を、共産党一党独裁や社会主義国家権力、「人治」に対する正面からの「反・革命」として高く評価した。そして同時代の東欧の体制変動などを背景に、共産党独裁体制の崩壊、中華人民共和国の解体を予測した。[1]

これに対し加々美光行は、運動が社会主義体制と共産党の指導を否定しておらず、また一元的な組織や統一的な指導を持たない自発的な運動であったがゆえに、「自由」のような理念を運動参加者すべてが共有していたわけではなかったとした。運動が非暴力だったのは、ポスト紅衛兵世代の学生たちの運動の過熱化を、政治的暴力に対する現実感覚を持つ紅衛兵世代が抑制しようとしたためだったとした点もその議論の特徴である。ただこのように運動の捉え方は中嶋とかなり異なったものの、「いずれにせよ現在のような警察国家体制は、国の内外からの反発を強く受けざるを得ず、到底長く存続しうるとは考えられない。……この運動が次の新しい中国を生み出さないはずはないのである」と中国の将来的な体制変動を予想した点は加々美も同様だった[2]（ただし後に加々美は、伝統文化や国際関係上の条件の違いといった要因から、東欧のような民主化がそのまま非ヨーロッパ地域で実現するのは困難という見方も示している）。

断片的な資料の徹底した分析によって民主化運動と天安門事件の実態を明らかにしようとしたチャイナ・ウォッチャーが矢吹晋《やぶきすすむ》（東京大学経済学部卒、横浜市立大学商学部）である。矢吹は『中国開放のブレーン・トラスト』（一九八七年）、『中国のペレストロイカ』（一九八八年）で厳家其《げんかき》や方《ほう》励之《れいし》など民主派知識人の改革理論をいち早く紹介していた。[3]また天安門事件が起きると、関連資料を『チャイナ・クライシス重要文献』（一九八九年）全三巻として編集・翻訳して刊行した[4]。天安門広場自体では死者は出ていないという矢吹の主張は当時物議を醸したが[5]、現場に最後まで残ったスペインのテレビ局の映像から、現在ではその見方が有力となっている。

中国特殊論批判①――「民国史観」

民主化運動に寄せた期待や同情への反動から、中国に対する日本社会のイメージは急速に悪化した。問題は、民主主義や人権を掲げた西側の批判に、中国政府が「中国と西洋は異なる」という「国情」論で反論したこともあり、日本の現状分析家やチャイナ・ウォッチャーの間に、民主化運動の弾圧を中国と西洋（および日本）との異質性、伝統中国との歴史的連続性から説明する傾向がより強まったことである。

これに対し、中国近現代史の領域では異なる見方も模索されていた。西村成雄、安井三吉、古廐忠夫、石島紀之《いしじまのりゆき》、奥村哲《おくむらさとし》、久保亨、井上久士《いのうえひさし》、渡辺俊彦《わたなべとしひこ》は「六四中国近現代史研究者声明有志連絡会」として、同時代の民主化運動に関わる資料と、一九一二年の中華民国成立以来の「民主と自由を求める歩み」に関わる史料を合わせて編集・翻訳して出版した。彼らは伝統からの連続性を過度に強調することに反対し、中華民国が西洋や日本と共通する価値観や制度を取り入れようとしたことを重視した。そしてむしろ中国近現代史上の自由や民主主義、人権保障を求めた試みと、一九八九年の民主化運動のつながりを強調した。

中国民衆の自由と民主主義を求める動きは、すくなくともここ数十年間の中国の歴史のなかにおいて積みあげられてきたものであり、そこに明確な歴史的根拠と背景を持つものであって、なにも今年、一九八九年の春になって唐突に噴きだした一時の高揚と言ったものではない。……しかし内外のマスコミ報道や人々の発言のなかには、ともすれば、今回の事態の衝撃性の故にか、伝統的中国の専制政治と今回の民主化運動とを直接的に対比させてしまうような受けとめ方も見られる。……今回の民主化運動の背後にある中国近現代史の重みを、しっかりと意識しておくことが必要なことのように思われる。(6)

時代区分の視点からは、伝統中国からの変化を強調する一方、中華人民共和国成立(一九四九年)前後の連続性を重視し、清末から現在に至る近現代史の過程で、中国が一貫して近代化や民主主義といった共通する課題を追求してきたとする点にこの主張の特徴がある。こうした視点から見るならば、中国が急進的な社会主義化を進めた一九五〇―一九六〇年代が中国近現代史上でむしろ特殊な時期だったことになる。

同じく天安門事件との関連で中国近現代史の見方を論じた代表的な文章に山田辰雄「今こそ民国史観を」(一九九〇年)がある。山田は天安門事件に関する報道が事件の背後の課題を捉えられていないとし、その理由を戦後日本の中国研究が持った「運動の論理」に求めた。

多くの研究者は、正義の民主化運動と悪の権化としての政府・党の対立というマス・メディアのつくり出した構図にのって天安門事件をとらえようとした。……しかし、このような運動の論理をもち込むことによって、多様な学問的認識の可能性を塞ぐことにならないか、ということを私は憂慮している。つまり、民主化運動に同調する観点から今回の事件を見ないことが、すべて反民主化として葬り去られる危険性があるということである。……これは、かって日中友好運動や文革の中で支配的であった論法と同じものであるといわなくてはならない(7)。

山田は同じ視点から、中国共産党以外の政治勢力の持つ可能性を排除してきたこれまでの中国革命史を批判し、対立する諸政治勢力を相対化し、むしろその間に存在した共通の課題を明らかにすることが必要だとした。これは文革後の日本の中国近現代史研究の脱政治化が行き着いた帰結とも言えた。

天安門事件の起きた一九八九年の末には、米ソ首脳によるマルタ会談が行われ、アメリカ優位の下に東西冷戦が終結した。一九九一年に起きた湾岸戦争でアメリカがその軍事力を見せつけ、同じ年にソ連が崩壊して、東欧でも次々と社会主義政権が倒れていった。こうした世界の動きは、中国共産党政権に強い危機感をいだかせた。そのため中国は国内で近現代史教育と「国情教育」（後の愛国主義教育）を強化して思想的引き締めを強めるとともに、対外的には「韜光養晦《とうこうようかい》」（才能を隠して時機を待つ）の方針を掲げ、各国との関係調整に努めた。西側諸国の経済制裁も徐々に解除され、一九九二年には鄧小平が深圳・珠海・上海など南方諸都市を視察して改革開放のいっそうの推進を呼びかけた（南方談話）。同じ一九九二年に開かれた中国共産党第一四次全国代表大会では「社会主義市場経済体制の建設」を目標とすることが決議された。これは実質的には社会主義経済の放棄を意味するものに他ならなかった。これ以後、中国は急速な経済成長を経験することになる。日本では前述のように天安門事件後に中国の体制変革の可能性や「中国崩壊論」が盛んに唱えられたが、それらの予想は大きく裏切られることになった。これには、当時の日本の天安門事件に対する分析の焦点が、共産党中央の権力闘争か民主派知識人エリートに偏っており、社会の動向に対する関心が薄かったためという要因も後に指摘されている(8)。

この時期には、中国、台湾に加えて日本、韓国、欧米などでも中華民国史研究が展開され(Frederic Wakeman, Jr. and Richard Louis Edmonds eds., *Reappraising Republican China*, 2000. など)、相互の研究交流も盛んに行われるようになった。改革開放政策を進める中国政府が中華民国期の近代化政策に関する研究を容認したこと、中華民国期の史料の公刊や檔案の公開が中国・台湾双方で進んだことなどがその要因である。革命中心史観の否定と相まって、檔案史料を利用してその時々の政権の政策立案・実施過程を詳細に追う研究スタイルが主流になった。体制側から革命を弾圧したとして従来否定的に扱われてきた李鴻章・袁世凱・蔣介石といった人物に対しても、中国の近代化に一定の役割を果たしたとする再評価が進んだ。川島真《かわしましん》(東京大学大学院文学研究科修了、北海道大学法学部)の『中国近代外交の形成』(二〇〇四年)に代表される、外交文書を利用し、清末・中華民国期の修約外交(実力行使も辞さない「革命外交」ではなく、列強との交渉を通じて漸進的な条約改正や利権回収を目指す外交方式)を再評価する外交史研究が盛んになったのもこの時期である。反面、反政府活動や民衆運動に対する関心は相対的に低下した。また、檔案史料を使用した研究は政策の決定・実施過程を詳細に明らかにする一方、その社会に対する実際の影響については論じにくいという問題も抱えていた。檔案が利用可能な時代や地域、分野に研究が集中する傾向も生じた。

中華民国史研究には前述のように中国の抱える課題の特殊性よりも西洋・日本との共通性を重視する傾向があった。その背景には、一九九〇年代には中国の市場経済化の進展によって、公害や都市問題など、伝統的な要素よりも西洋や日本と共通する課題が目立つようになったこと、後述するこの時期の台湾の民主化の要因として、中華民国大陸統治期の一九四七年に公布・施行された中華民国憲法という遺産が注目されたことなどもあった。現状分析の分野でも、中国の経済発展にともなう「都市中間層」の出現[9]や、「市民社会」実現の可能性如何といった問題が論じられていた。

代表的な成果としては、野沢豊編『日本の中華民国史研究』(一九九五年)が研究状況の整理を行った他、論文集として、民国史研究会による中央大学人文科学研究所編『民国前期中国と東アジアの変動』(一九九九年)、同『民国後期中国国民党政権の研究』(二〇〇五年)や、中国現代史研究会(東京)による姫田光義編著『戦後中国国民政府史の研究 一九四五―一九四九年』(二〇〇一年)、石島紀之、久保亨編『重慶国民政府史の研究』(二〇〇四年)などが挙げられる。

こうして近代化論を大まかな前提とし、実証性を重んじる民国史研究の手法は、一九九〇年代から二〇〇〇年代にかけて中国近現代史研究の実質的なスタンダードとなった。

アジア論と地域社会論

東アジア・東南アジア諸国が急速な経済成長を開始したことで、一九九〇年代には一種のアジア論ブームも起きていた。エズラ・ヴォーゲルの『アジア四小龍』（Ezra F. Vogel, *The Four Little Dragons*, 1991）は、日本と、台湾、韓国、香港、シンガポールの急速な経済発展の要因を、儒教に代表される東アジアの文化的背景に求める主張を展開して注目を集めた。「儒教ルネッサンス」や「アジアの世紀」といった議論が唱えられたのもこの時期である。

日本でも一九九三年から一九九四年にかけて、溝口雄三、濱下武志、平石直昭《ひらいしなおあき》、宮嶋博史《みやじまひろし》の編になるシリーズ『アジアから考える』全七巻が刊行された。同シリーズは、これまで「もっぱらヨーロッパと日本とから説明され、接近がなされてきたアジアを、それ自体として内側から構想しようとすることは、すなわちアジアを自らの認識の場としてどのように位置づけることができるか、という課題を設定することにほかならない」として、近世・近代の東南アジア・東アジアを中心とする六〇本近い論文を集めたものである。日本の自己認識とアジアの関係、アジアの近代の内在的形成、国家を相対化する「地域」の視点の重視なども編者たちの研究上の関心を反映していた。(10)

ただ、岸本美緒も書評で指摘したように、特定の「地域」やその「固有の文化」を実体的なものと見なすか想像的・可変的なものと見なすか、「伝統」と「近代」の関係如何、といった基本的かつ重要な点について、同論文集の執筆者間では必ずしも認識が共有されていなかった。(11)この点はアジアや中国の独自性を重視するか問題の普遍性を強調するかをめぐるこの時期の研究者の立場の分岐を反映していたと言える。

この時期には、明清史からの連続性という視点で中国近現代史を捉えなおそうという問題提起もさらに深められた。

たとえば岩井茂樹《いわいしげき》（京都大学人文科学研究所）によれば、清の正規の財政収入は固定的で、人口増加や経済発展にともなう国家機構維持費の増加は付加税や手数料といった非正規財政によって賄われていた。太平天国に代表される一九世紀半ばの反乱は清の中央財政を破綻させ、軍隊や地方当局が経費を捐納《えんのう》（寄付と引き換えに官職を授ける制度）や釐金《りきん》（内地関税）徴収で調達するようになったことで地方有力者が台頭した。中華民国期にもくりかえし中央政権の財政権強化が図られたものの、根本的な解決には至らなかった。岩井はこのような「軍閥的」政権の存在を許す構造が、最終的には中国共産党政権成立の要因となったとした[12]。

また山田賢《やまだまさる》（名古屋大学大学院文学研究科修了、千葉大学文学部）は清代の人口増加と高い流動性の中で生じた相互扶助ネットワークとして、伝統的規範秩序に基づく同郷・同族結合（宗族）と、「神話」や「秘密」を紐帯とする非エリートの秘密結社を挙げる。そして清の威信の衰退と秩序の融解の中で秘密結社が活性化し、孫文らの反清政治運動も秘密結社を取り込もうとする中で、逆に秘密結社的な公私未分化の「家」の夢想が「革命思想」の中に組み込まれていくことになった。さらに後の中国共産党も同様に秘密結社を取り込もうとする中で、その「共産主義」自体が秘密結社の「家」の論理に侵食されていったとする。なお、山田が同時代の日本における秘密結社の欠如をもって日本と中国の社会システムの異質性を強調したものの、欧米の秘密結社の事例を挙げ、むしろ日本が特殊なのではないかと述べた点は、非常に独特な問題提起と言える[13]。

こうした研究の背景には、森正夫《もりまさお》（京都大学大学院文学研究科修了、名古屋大学文学部）らが一九八〇年代に提起した「地域社会論」の影響もあった[14]。これは従来の階級分析の方法から脱却し、地域住民内部の抗争と結集の複雑な動きが展開される「場」としての地域社会のあり方に焦点を当てるもので、その意味で国家の自明性への疑い、そして外在的な枠組みによるのではなく、中国社会の内在的理解を目指したものだった[15]。

中国特殊論批判②——中国ナショナリズム研究

近代中国の抱えた問題の特殊性よりも普遍性を重視する立場からは、西洋史や日本史の研究手法や理論を積極的に取り込もうとする動きも広まった。

たとえば近代中国衛生史の分野を切り開いた飯島渉（東京大学大学院人文科学研究科修了、横浜国立大学経済学部）は、歴史の連続性を重視する濱下武志の議論や地域社会論が、国家や政治構造の面の変容を論じていなかったとし、それまで民間社会が担ってきた役割の国家による「制度化」過程を近代の特徴と位置づけ、それは西洋にも中国にも共通していたとした。

近年の研究は、「歴史の連続性」に注目するがゆえに、ややもすれば中国社会が直面した近代世界のもつ意味への理解が希薄になってはいないだろうか。近代世界は、それ以前に比べればよほど均質性、同時性をもった時代であった。それは、西欧においてつくられた制度が植民地主義の展開の中で、非西欧世界にも強制され、その導入が進んだからである。もちろん、これにはさまざまな反発もあったが、反発自体も近代世界のもつ意味を前提としなければならなかった[16]。

一九九〇年代から二〇〇〇年代の中国近現代史研究に特に影響を与えた理論として、国民国家論やジェンダー研究が挙げられる。たとえば村田雄二郎《むらたゆうじろう》（東京大学教養学部）は「中国の社会主義は抗日民族戦争の勝利者という出自をもち、ナショナリズムをその最終的な正当化根拠としている。ある意味で、中華人民共和国の四十年の歴史は、ナショナリズムが社会主義の姿をかりて生き延びてきたプロセスだとさえ言える」(17)とし、社会主義時代も含め、清末から現在に至る中国の歴史は一貫してナショナリズムを原動力としていたとする視点を提起した。

こうした視点から中国近現代史の捉え直しを試みた代表的な研究者が坂元《さかもと》ひろ子《こ》（東京大学大学院人文科学研究科修了、一橋大学社会学部）である。坂元は「中国民族主義の神話」（一九九五年）で、竹内好も溝口雄三も、西洋と東洋の二元論を前提としている点では同じだと批判し、近代における世界の共時性、近代の問題としての普遍性を重視して「一国内発史観」「中国特殊論」を否定した。

中国でそうだというばかりでなく、戦後の日本の近現代中国研究でも中国のナショナリズムにはなべて肯定的だったといっていい。侵略戦争を仕かけてはかりしれない危害を加えたものの、中国の抗日民族統一戦線に最終的には敗北した日本人の側としては、良心的な研究者ほどそれへの反省から中国の抵抗を支えたナショナリズムの意義を認め、高く評価しがちであった。そこに竹内好に典型的な「ヨオロッパを越えて非ヨオロッパ」的中国近代像が成立する基盤があった。

ところでその竹内好的な「非」という考え方に表れた対ヨーロッパという意識を、溝口雄三はヨーロッパ回路のまなざしとして批判した。つまり、よりナショナリスティックな立場を求めるのであろう。「もともと中国はヨーロッパ的近代への趨向をはなからもたなかった」……という。

……欧米各国にしても東洋の場合同様、それぞれ異なる内因性をもつ。だとして、なおかつ近代の重要な特色として、でこぼこはあってもネイション・ビルディングという課題にからんだある普遍性を見出せるのではないだろうか。つまり、アジアもまたその普遍性をかなり共有した、またせざるをえないほどの怪力を近代はもったのではないか。「非」や「超」や「異」といった、なるほど格好のよい見方をもねじ伏せてしまわんばかりの怪力を(18)〔傍点は原文〕。

坂元は以後の研究で、中国近代史上進歩的とされてきた知識人たちの議論が内包する人種主義、優生学的発想、性差別などの問題を鋭くえぐり出していった。つまり、それまで問題とされてきた中国の伝統ではなく、近代がもたらした問題に焦点を当てたのである。そしてそれは中国近現代史上のさまざまな論点を、中国の特殊性や独自性ではなく、同時期の、さらには現在の欧米や日本と共通する問題と捉える視座を提供した。

「中国」というネイションの自明性を国民国家論の視点から解体し、また国家の別なくナショナリズムは相似した問題をはらむとした坂元の議論は、戦後日本の中国近現代史の見方に根本的な批判を突きつけた。前述の民国史研究が近代の正の面の普遍性に注目したものだとすれば、坂元に代表される議論は近代の負の面の普遍性に着目したものだったと言える。

天安門事件後に中国の指導者となった江沢民《こうたくみん》は「愛国主義教育実施綱要」（一九九四年）を発表し、形骸化する社会主義イデオロギーに代えてナショナリズムを統合原理として大々的に打ち出した。若年層の西側の思想や事物への憧れを抑制し、警戒心をもたせるという目的もあり、この時期には中国が近代以来列強に侵略されてきたことを強調する歴史観が教育で重視された。一九九〇年代は日本でも「新しい歴史教科書をつくる会」の発足（一九九六年）など、歴史認識をめぐる自己肯定的なナショナリズムの高まりが見られた時期であり、南京事件や従軍慰安婦問題が日中の摩擦の要因となった。

また冷戦終結後の世界的なエスニック・ナショナリズムの高まりの中、中国国内でもモンゴル、ウイグル、チベットなど「少数民族」の自治・独立を求める運動が高まった[19]。台湾でも民主化にともなって台湾独立の主張が表立って叫ばれるようになった。中国共産党の側も「中華民族」の一体性を主張することでこれらの動きに対抗した。一九九七年にはイギリスから中華人民共和国への香港の主権移譲が実現した。一九九九年には米軍の駐ユーゴスラヴィア中国大使館誤爆事件により、中国各地で大規模な反米デモが起きた。

こうした状況の下、現状分析に止まらず、近現代史研究の分野でも中国ナショナリズムへの関心は高まった。吉澤誠一郎《よしざわせいいちろう》（東京大学文学部）は『天津の近代』（二〇〇二年）、『愛国主義の創成』（二〇〇三年）で清末における「近代」やナショナリズムの形成過程を論じたが、その中で近代を「世界各地での類似性の拡大の傾向が多様化を凌駕してゆく時代[20]」と位置づけ、やはり近代中国の特殊性よりもその「平凡」さを強調した。

いずれにしても、二〇世紀初頭の中国ナショナリズムは、世界的潮流のまっただなかで、時勢への敏感な反応によって生まれ出たものであるから、実のところ、濃厚な歴史的個性があるというよりも、だいぶ平凡なものだということができる。

……これは、必ずしも中国ナショナリズムを貶める意図でいうのではない。むしろ、〔本論文は〕はじめに述べたように、中国には太古から「中華思想」があって今日に至っているというような議論を批判する立場に立つ。つまり、中国の特殊性を強調し、歴史を通じた本質的傾向が連続しているという見方を相対化したいのである。(21)

マルクス主義の発展段階論は近代を資本主義の時代と定義していたがゆえに、中国を「半植民地半封建」という特殊なカテゴリーを用いて論じざるを得なかった。近代を独自に定義できるようになったことで、はじめて中国と西洋や日本を同時代性や共通性という視点で語ることが可能になったとも言える。

ただ、近代以降の特に政治制度や思想上の変化、近代の持った普遍性を相対的に重視する立場と、社会のあり方の連続性を重視する明清史からの問題提起をどのように位置づけるかは引き続き課題として残った。この課題は後述の人民共和国史研究に、イデオロギーや権力の基層社会への浸透過程への検討という形で引き継がれることになる。

台湾研究や華僑・華人研究の発展

一九七〇年代に国連の代表権や各国との正式国交を次々と失ったため、台湾の国民党政権にはアメリカや西側諸国に見捨てられるという危機感が高まった。台湾内部でも国民党の一党独裁を批判する運動が高まっていた。そこで蔣介石の後を継いだ蔣経国《しょうけいこく》は、段階的な民主化と、「本省人」（戦後に国民党政権とともに大陸から渡来した「外省人」に対し、それ以前から台湾に居住する人々を指す）エリートの国民党への取り込みを図ったため、本省人の政治参加が次第に拡大した。一九八六年には民主進歩党（民進党）が結成され、一九八七年には一九四九年以来の戒厳令が解除された。一九八八年に蔣経国が死去したことで、副総統の李登輝《りとうき》が昇格し、本省人として初めて総統に就任した。一九九一年には中華民国憲法が改定され、統治範囲を、従来の大陸も含むものから、台湾島・澎湖諸島・金門島・馬祖《ばそ》諸島のみと規定する変更を行った。一九九六年には初の総統直接選挙が実施され、李登輝が当選した。こうして台湾という範囲を一個の「ネイション」と見なす認識が強まった。

しかし「一つの中国」の原則を堅持し、台湾の独立志向の高まりを警戒する中華人民共和国は、軍事演習を実施して選挙を牽制したため、アメリカが台湾海峡に空母を派遣する事態に至った（第三次台湾海峡危機）。アメリカや日本では、台湾の民主化を好意的に捉える見方が強まるのに反比例して、中国脅威論が高まった。二〇〇〇年の台湾総統選挙では陳水扁《ちんすいへん》が当選し、「台湾独立」を掲げる民進党への政権交代が実現した。

若林正丈

戦後日本の中国研究は、大陸の「新中国」に対する関心の一方で、蔣介石・国民党独裁下の台湾に対しては一貫して冷淡だった。植民地統治時代に行われた調査や研究も長い間放置されてきた。こうした状況に徐々に変化が生じ始めたのは一九七〇年代である。きっかけとなったのは、台湾出身の留日学生たちによる「台湾」を単位とした歴史や経済、国際関係に関する研究の開始である。代表的なものに、黄昭堂《こうしょうどう》『台湾民主国の研究』（一九七〇年）、戴天昭《たいてんしょう》『台湾国際政治史研究』（一九七一年）、許世楷《きょせかい》『日本統治下の台湾』（一九七二年）、江丙坤《こうへいこん》『台湾地租改正の研究』（一九七四年）、劉進慶《りゅうしんけい》『戦後台湾経済分析』（一九七五年）、涂照彦《としょうげん》『日本帝国主義下の台湾』（一九七五年）が挙げられる。またアジア経済研究所の戴国煇《たいこくき》が中心となって、池田敏雄《いけだとしお》、中村《なかむら》ふじゑ、矢吹晋、小島麗逸《こじまれいいつ》らが研究会「東寧会」を開いており、後に若林正丈、松永正義《まつながまさよし》、宇野利玄《うのとしはる》、河原功《かわはらいさお》、春山明哲《はるやまめいてつ》らが加わり、「後藤新平研究会」を経て一九七八年に「台湾近現代史研究会」を組織（―一九八八年）、会誌『台湾近現代史研究』や戴国煇編著『台湾霧社蜂起事件』（一九八一年）を刊行した。

一九八〇年代後半、民主化にともなって台湾で史料公開と学問の自由化・本土化が進むと、内外で台湾研究という領域が急速に勃興した。こうした中で日本の台湾研究の第一人者となったのが若林正丈（東京大学教養学部）である。若林は近現代史研究からスタートして『台湾抗日運動史研究』（一九八三年）を著した後、戦後台湾政治研究に移り、前述した台湾の大転換期に同時代的観察を行って『海峡――台湾政治への視座』（一九八五年）、『台湾――転換期の政治と経済』（一九八七年）、『転形期の台湾――「脱内戦化」の政治』（一九八九年）、『台湾――分裂国家と民主化』（一九九二年）、『東洋民主主義――台湾政治の考現学』（一九九四年）、『蔣経国と李登輝――「大陸国家」からの離陸？』（一九九七年）、『台湾の台湾語人・中国語人・日本語人――台湾人の夢と現実』（一九九七年）などを次々と発表し、日本の台湾論をリードした。台湾研究を志す若手研究者も急増し、一九九八年には若林を初代理事長として「日本台湾学会」が設立された。台湾研究は同時期に広まったポストコロニアル研究などとの関連も深く、また国際関係論、民俗学、文学、教育、中国経済、日本政治史、農業経済なども含む、一種の学際性がその特徴となった。[22]

こうした台湾を一つの単位とした研究の発展は、前述したナショナリズム研究や「少数民族」研究とともに、「中国」を自明のものと見なすそれまでの認識を大きく変化させることになった。

同様に一九七〇年代以降活発になった分野として華僑・華人研究が挙げられる。特にアジア経済研究所はその中心の一つで、前述した戴国煇は同研究所での共同研究を『東南アジア華人社会の研究』（一九七四年）としてまとめている。戴はまた『華僑――「落葉帰根」から「落地生根」への苦悶と矛盾』（一九八〇年）で、日本における台湾出身者のアイデンティティを「華僑」というカテゴリーの問題性と合わせて論じた。やはり台湾出身で経済史を専門とする游仲勲《ゆうちゅうくん》も、アジア経済研究所から『華僑経済の研究』（一九六九年）、『東南アジアの華僑』（一九七〇年）などを刊行している。岩崎育夫《いわさきいくお》『シンガポールの華人系企業集団』（一九九〇年）、原不二夫《はらふじお》編『東南アジア華僑と中国――中国帰属意識から華人意識へ』（一九九三年）なども代表的な成果と言える。

この他、社会経済史的な視点から同時代の東南アジアや日本の華僑・華人社会を論じた著作としては、会館や廟の運営に着目した内田直作『東南アジア華僑の社会と経済』（一九八二年）や、華僑学校を論じた市川信愛《いちかわのぶちか》『華僑社会経済論序説』（一九八七年）などが挙げられる。

中国史プロパーの研究者としては、可児弘明《かにひろあき》（慶應義塾大学文学部）の『近代中国の苦力《クーリー》と「豬《ちょ》花《か》」』（一九七九年）が、香港の民間福祉団体である保良局の文書を用いて、一九世紀から二〇世紀初頭にかけての広東における苦力・女性の人身売買と救済事業の実態を探った。[23]

一九九〇年代のアジア論ブームも華僑・華人研究への追い風となった。濱下武志は東南アジア華僑・華人の故郷への送金ネットワークに関する研究を行った。[24] また斯波義信《しばよしのぶ》（東京大学文学部卒、国際基督教大学）は『華僑』（一九九五年）で一二世紀以来の華僑・華人の歴史と、同時代の東南アジア・日本華僑をめぐるさまざまな問題を紹介している。

二〇〇二年にはこうした研究の蓄積を反映した可児弘明、斯波義信、游仲勲編『華僑・華人事典』が刊行された。翌二〇〇三年には「日本華僑華人学会」（游仲勲会長）が組織され、会誌『華僑華人研究』を発行している。[25] 華僑・華人研究においては、現地社会との関係や地域間ネットワーク、複合的なアイデンティティといった要素が重視される。そのためやはり「中国」の自明性を相対化する契機を含む分野と言える。それに加えて、これ以降留学生や華僑・華人を含む中国・台湾出身者の日本における研究活動が盛んになるのにともない、「日本の中国論」や「日本の主体的な中国研究」といったもの自体が自明ではなくなっていく。

民国史研究から人民共和国史研究へ

文革終結後、かつてのような現実問題と結びついた中国革命や毛沢東思想への関心は失われた。ただそれは、中国共産党の公式見解に囚われない共産党・共産党政権研究が可能になったということでもあった。そこでまず歴史学的な研究の対象となったのは、中国の社会主義がなおさまざまな可能性を持っていた中国共産党成立初期、そしてそれが変容する国民革命期や日中戦争期などだった。[26] 先駆的な成果として次のようなものがある。中国におけるマルクス主義の受容に日本の社会主義者やアメリカの共産主義運動が及ぼした影響、中国共産党の成立過程での錯綜を詳細に明らかにした石川禎浩（京都大学大学院文学研究科修了、神戸大学文学部）の『中国共産党成立史』[27]（二〇〇一年）。一九二〇年代には党内論争や党大会が民主主義的意思決定の役割を果たしていたが、そうした党内民主主義が一九三〇年代に入って失われていく過程を明らかにした江田憲治《えだけんじ》（京都大学大学院文学研究科修了、京都産業大学外国語学部）の諸研究。[28] 一九三〇年代の党組織の実態や路線転換の過程を、党内で毛沢東と対立した王明《おうめい》や張国燾《ちょうこくとう》、党外の左派知識人や「地方実力派」との関係という視角も加えて検討した田中仁《たなかひとし》（広島大学大学院文学研究科修了、大阪外国語大学外国語学部）の『一九三〇年代中国政治史研究』[29]（二〇〇二年）などである。これらはいずれも、実証的な手法を用いて、従来の中国共産党の公式の歴史観を批判的に再検討し、新たな視点から民国期の中国共産党の政治史を再構築しようとする研究だった。

二〇〇〇年前後には、これまで立ち遅れていた一九四九年以降の中国に関する歴史学的研究も徐々に始められていた。これには胡錦濤《こきんとう》政権（二〇〇二―二〇一二年）の下で、中華人民共和国初期の檔案が限定的ながら公開され、中国やアメリカでも人民共和国史の研究が広まりつつあったという背景もあった（Frank Dikötter, *Mao's great famine: the history of China's most devastating catastrophe, 1958-62*, 2010; Andrew G. Walder, China under *Mao: a revolution derailed*, 2015. など）。

民国史研究の視点からなされた久保亨編著『一九四九年前後の中国』（二〇〇六年）は、かつての研究が一九四九年前後の非連続性を過度に強調したとして、中華帝国・国民国家・一党独裁といった要素とともに、それらを超える論理も含んだ自由主義、民主主義、社会主義といった近代思想の受容という点での連続性を重視すべきとした(30)。リベラリズムや憲政という要素の一九四九年前後の連続性に着目した研究としては、この後、久保亨、嵯峨隆《さがたかし》編著『中華民国の憲政と独裁　一九一二―一九四九』（二〇一一年）、村田雄二郎編『リベラリズムの中国』（二〇一一年）、中村元哉《なかむらもとや》編『憲政から見た現代中国』（二〇一八年）などが続いた。

ただこの時期には、主に政治学や現代中国研究の方面から、これらとは異なる視点に基づく中国共産党史研究も開始されていた。契機となったのは一九九六年に刊行された田中恭子《たなかきょうこ》（オーストラリア国立大学大学院国際関係学研究科修了、静岡県立大学国際関係学部）の『土地と権力』である。同書によれば、戦後内戦期の中国共産党による農村革命は、農民の自発的な闘争ではなく、自らの安全を確保しようとする農民の合理的行動と、それを上から誘導し動員した党の政策の結果であった。土地改革も経済的な意義より、中国共産党が権力を掌握する手段という政治的な目的が重要だった。

田中の議論はそれまでの中国共産党の農村政策のイメージを一転させた。また内戦期には党の政策が二転三転したことや運動の急進化もあいまって、村人同士の鋭い対立を煽る運動方式・闘争方式が社会の荒廃をもたらしたが、田中はここに文化大革命との共通性を見出し、それらはいずれも中国共産党のイデオロギーと大衆指導の方法自体に起因するものだったとした(31)。

これ以後、共産党と農村社会の関係の実態に研究の関心が集まった。高橋伸夫《たかはしのぶお》(慶應義塾大学法学部)の『党と農民』(二〇〇六年)は、構成員が流動的で凝集力の低い「散漫な」党組織と、共産党が「上から」押しつける秩序に適応しながら抵抗・利用するしたたかな農民の「勝手な包摂」というモデルで一九三〇年代の中共と農村の関係を捉えたが、ここから導かれるのは農村の連続性と不変性である(32)。

歴史研究の側からは、統治の正統性・正当性に関わる近代的な象徴や儀礼の導入を図る政治権力と、伝統的な民俗・信仰・宗教結社の関係という視点から中共の動員手法を考察した丸田孝志《まるたたかし》(広島大学総合科学部)の『革命の儀礼』(二〇一三年)が、共産党政権の意図に反して、農民の心性や農村社会の文化体系が変化しにくいものだったことを強調した。ただ丸田は、土地改革の中で用いられた、社会を分断し人々の不安を煽ることで権力の浸透を図る手法は強い効果を発揮したともしている(33)。

三品英憲《みしなひでのり》(東京都立大学大学院人文科学研究科修了、和歌山大学教育学部)も、戦後内戦期・人民共和国初期の共産党の動員方法について検討を深め、共産党の認識と現実の乖離から土地改革が急進化されたことで、「隣人」を攻撃する正当性を共産党に求めざるを得なくなり、それが結果的には

社会に対する共産党の統治能力・操作能力を向上させたとした。(34)

これらの研究に見られる散漫な農村や利己的・打算的な農民というイメージは、華北農村慣行調査や、明清史における中国社会の性質に関する議論と共通する。そして、そうした中国の伝統的な農村社会に適合した、土地改革を通じて社会を分断する手法を用いて共産党が権力を浸透させたという認識も総じて共有されている。ただ共産党がそれまでの政権より大規模な大衆動員を可能としたことから、その変化を重視する立場がある一方、それが以後の農村社会のあり方をどの程度変えたかについては懐疑的な研究も多い。そのためこれらの研究は全体としては伝統社会から現在までの連続性を強調する傾向が強い。

また、中国共産党の権力確立過程の研究は、現在の中国共産党政権の統治の特徴やその淵源を探ることを基本的な問題関心としている。このため、リベラリズムや憲政といった普遍的要素を重視する民国史からの人民共和国史研究に比べると、西洋や日本とは異なる中国の経験の独自性を重視する傾向がある。(35)

これに対し、中華民国期の土地行政を専門的に研究してきた笹川裕史《ささがわゆうじ》(36)（広島大学大学院文学研究科修了、埼玉大学教養学部）は、『中華人民共和国誕生の社会史』（二〇一一年）で、日中戦争と戦後内戦の期間に徴兵や徴税の負担が弱者に押しつけられたことが、富裕層に対する憎悪を蓄積させ、共産党の階級闘争の主張を受け入れる素地になったという時代的文脈の重要性を強調した。特に笹川は中国の経験を他地域との比較で評価する問題意識を持ち、「前著〔笹川裕史、奥村哲『銃後の中国社会――日中戦争下の総動員と農村』〕では、日本を参照軸にしながら、中国の特異性を浮かび上がらせようとする意識が強かった。異質な性格をもった他者を認識する場合、自らの歴史的経験を基準にするのは自然なことであろう。とはいえ、日本や西欧諸国を基準とする無意識の呪縛から距離を置いて、二〇世紀半ばの当時の世界各国をひろく見渡してみるならば、日本のように特異な凝集力をもち、総力戦にも過度に適応しうる社会は、むしろ例外的な存在であったことに気づく。その意味では、中国が経験した事態の方が、世界的にはより普遍性をもっていたのではなかろうか[37]」という独自の視角を示している。

対象は都市だが、戦後上海の大衆動員の具体的な過程を分析した金野純《こんのじゅん》（一橋大学大学院社会学研究科修了）の『中国社会と大衆動員』（二〇〇八年）も、党委員会などの制度を通じた住民管理から、一九六〇年代には農村経験への回帰、党組織の動揺と大衆運動の急進化が起こり、それが文革につながったという時期的な変化を重視する。文革を社会構造からの必然と捉える「文革特殊性論」の否定、社会主義改造によって私的領域が消失したわけではなく、政権による社会の掌握が大衆動員と連動して波状的に上昇したという指摘は重要なように思われる[38]。

山本真《やまもとしん》（一橋大学大学院社会学研究科修了、筑波大学人文社会系）の『近現代中国における社会と国家』（二〇一六年）も、華北農村の調査を元に形成された社会像を中国全体に当てはめることの危険性を指摘し、中華民国期の福建という特定の文脈で生まれた「小集団ごとに武装化したバラバラの砂」という社会状況が国民政府による統合や共産党による革命運動を特に困難にしたこと、一九五〇年以降の「反革命鎮圧」によって武装解除がなされ弱体化はしたものの、その後も宗族意識は継続される場合が少なくなかったことを指摘した[39]。

こうして基層社会に対する共産党の権力浸透の過程が次第に明らかにされつつある一方で、時期や地域ごとの差異もまた明らかになりつつある。そのため中国共産党の動員手法の特徴を検討することと並行して、それをモデル化して他地域と比較可能にするという試みも提起されている。いずれにせよこのテーマについては現在まさに研究が進められている最中である。

このように現在の中国近現代史研究で最も関心が集まっていると言ってよい人民共和国史だが、問題が中国共産党の統治の評価に直接的に関わるという性質上、現実の政治情勢から強い影響を受ける分野でもある。特に習近平《しゅうきんぺい》政権（二〇一二年―）成立以降は、学問的研究への締めつけは急激に厳しくなった。檔案の公開は制限あるいは停止され、現地調査も困難となっており、研究をめぐる環境は後退した。中国出身の日本の大学教員が中国政府に拘束される事件はそれまでも起きていたが、二〇一九年には中国近現代史を専門とする日本人の北海道大学教授が北京で二か月にわたり拘束される事件も起きた。こうした状況の下で今後研究をどのように発展させていくか、日本の中国近現代史研究は一つの岐路に立たされている。

2　日中の中国研究の交錯

歴史認識をめぐる衝突とすれ違い

一九八〇年代に日中の留学生交換が始まったが、その最初期に中国に滞在した日本の中国近現代史研究者たちは、後に中国の学界を担うことになる若手研究者たちと面識を持った。また、中国から日本に留学した大学院生には、そのまま日本の大学に就職し、研究や教育に従事している者も多い。この世代の研究者が中堅として活躍した一九九〇年代から二〇〇〇年代にかけては、彼らが中心となって日中および日台の間で学術交流や共同研究が盛んに行われた。アジアの経済成長や文化への関心から、大学などで中国語・韓国語学習者が急速に増加したのもこの時期だった。

中国でも天安門事件直後には思想的な締めつけが強まったが、後に政治的な問題に関わるものを除いては、国外の学問的成果や情報を積極的に取り入れる姿勢がとられた。欧米や日本のあらゆる学問分野の研究書が翻訳出版されたが、その中には日本の中国研究に関するものも多数含まれていた。

たとえば濱下武志の代表作『近代中国の国際的契機』（一九九〇年）は一九九九年に中国で翻訳出版され、その「朝貢貿易システム」論は大きな反響を得た。

溝口雄三の著書も、『中国の思想』（一九九一年）が一九九五年に中国語訳されたのを皮切りに、『方法としての中国』（一九八九年）が一九九六年に、『中国前近代思想の屈折と展開』（一九八〇年）が一九九七年に二種、中国大陸で翻訳出版された。二〇一〇年からは孫歌《そんか》らが中心となって『溝口雄三著作集』が刊行を開始している（二〇一四年までに既刊七冊）。

溝口は国際交流基金の援助の下、日中の知識人の交流と双方の抱える問題の批判的検討を掲げて、一九九七年から二〇〇三年まで「日中・知の共同体」と題したプロジェクトを実施し、シンポジウムや座談会、雑誌への特集記事の掲載といった活動を展開した。中国側参加者は汪暉《おうき》、黄平《こうへい》（雑誌『読書』編集長）、孫歌、戴錦華《たいきんか》、賀照田《がしょうでん》（『学術思想評論』編集長）ら、日本側からは中国研究者の他に柄谷行人《からたにこうじん》、小森陽一《こもりよういち》、馬場公彦《ばばきみひこ》（『世界』編集者）、小島潔《こじまきよし》（『思想』編集長）、高橋哲哉《たかはしてつや》、酒井《さかい》直樹《なおき》らが加わっていた(40)。

孫歌（中国社会科学院文学研究所）はこの「日中・知の共同体」プロジェクトの中で、アジア論の可能性と危険性、ナショナリズムの強調と無化の双方の問題性を指摘し、アジアやナショナリズムを専ら否定あるいは無視してきた戦後日本の知識人を批判した。そしてグローバリゼーションや西洋中心主義、近代国民国家を超え得る対立物として、竹内好や溝口雄三、濱下武志のアジア論を評価した(41)。ただ、孫歌は「アイデンティティ」や「民族感情」の重要性を強調する一方で、代田智明《しろたともはる》も指摘したように、竹内や溝口が重視した「近代」という課題には相対的に関心が薄いように見える(42)。また前章で見たように溝口は一九八〇年代には竹内に戦後日本の中国研究を代表させて強く批判していたのだが、その点についても特に言及はされていない。

このように日本で直接の後継者が現れなかった溝口の議論が、選択的な形で中国の論者から高く評価された背景として、この時期の欧米や日本の停滞と中国の国際的地位の向上にともない、中国で中国の特殊性を肯定的に語る類の議論が好まれたという事情も考えられる。中国の急速な経済成長の下、「北京コンセンサス」や「中国モデル」の妥当性の是非が盛んに論じられたのもこの頃である。

ところで「日中・知の共同体」の背景の一つには、この時期の日中間の歴史認識問題があった。二〇〇〇年前後に溝口や孫歌が加わって起きた南京事件をめぐる論争は、本書のテーマである日本の中国認識の問題にも関わるため、ここで少し紹介しておきたい。

発端は、元日本軍第一六師団兵士の東史郎《あずましろう》が南京事件時に関する証言を『わが南京プラトーン』（一九八七年）として出版、事件の実行者とされた元上官が名誉棄損として提訴した事件である。一九九八年に東京高裁が元上官の主張を取り入れた判決を下し、それが中国でも報道されると、強い反発が広まった。さらに一九九九年四月、裁判への支持を訴えて訪中した東が出演した中央電視台の番組で、観衆として参加していた日本人留学生の水谷尚子《みずたになおこ》らが「日本人、特に若い世代は南京大虐殺事件の存在さえ知らない」という東側の発言に反論し、また中国側の主張する被害者三〇万人という数字についいては根拠が不明であるという指摘をしたところ、中国世論の猛反発を買った。

この事件は日本のメディアでも取り上げられたが、その中で最も活発に発言した一人が孫歌だった。孫歌は「日中戦争――感情と記憶の構図」（二〇〇〇年）で、中国における南京事件の位置づけ、同番組と水谷の論点の食い違い、日本での受け止められ方の問題などを指摘した上で、「学術の客観性」という主張は「感情の記憶の喪失」という問題を持ち、「正にこのような死んだ知識こそ、現時の政治やイデオロギーにたやすく利用されてしまうのだ」として、「古びた歴史学の思考モデル」「資料考証」を痛烈に批判した。(43)「客観性」の主張がむしろイデオロギーへの従属を招くという論理は、一九六〇年代の日本の中国研究におけるそれを思わせる。

溝口雄三は孫歌の議論を受け、「日中間に知の共同空間を創るために」（二〇〇〇年）で、日本と中国の戦争をめぐる感情記憶の齟齬とその背景を論じ、形として残された史料のみを用い、現実や感情記憶を歴史から抹殺する「死んだ歴史学」を批判し、過去の歴史事実と現存する歴史記憶の重層性を自覚する「生きた歴史学」をそれに対置した。溝口は研究自体に目的があるのではなく、研究の目的は現実の中から生まれるものだとして、研究者の現実への「参入」を主張した。[44]

ただ、これらの主張に反応した中国近現代史研究者はほぼ皆無だった。これにはいくつか理由が考えられる。学問と政治の関係を非常に重視した文革期までの混乱の結果として一九八〇―一九九〇年代に「客観的な歴史研究」を開始した中国近現代史研究者たちにはこうした議論が受け入れられなかったこと、同じ時期に始まった中国ナショナリズムに対する批判的な研究の視点からも、西洋批判の手段として「中国」を実体化するように見える孫歌や新左派（後述）の手法が受け入れられなかったことなどである。また当時の日本の実証的な中国近現代史研究者の多くの認識は「南京事件はあったが「三〇万人」という数字には根拠はない」というものだったと思われる。そのため孫歌が中国では「三〇万人」を受け入れるか否かが敵味方の基準だとした点も、彼らを困惑させた。[45]

中国近現代史を専門とする研究者による数少ない反応の一つが、自ら史料に基づく南京事件研究に携わってきた古厩忠夫の「「感情記憶」と「事実記録」を対立させてはならない」（二〇〇一年）である。この文章で古厩は、数字は本質的な問題ではないが、それが南京事件をめぐる議論で争点となっているのが日本の「現実」だとし、また「感情記憶」のフィールドと「事実記録」のフィールドがそれぞれ存在するのであって、双方は対立するものではないとした。孫歌の主張が、日本の知識人が中国の文脈を理解していない、というものだったとすれば、孫歌と溝口が南京事件を「現場」で研究する者の文脈を理解していない、という反論だったとも言える。古厩の次のような主張は、当時の日本の中国近現代史研究者に概ね共有された認識だったと思われる。

戦前の荒唐無稽な歴史学を批判することから始まった戦後・歴史学は、ポスト構造主義的思索からすれば、羹《あつもの》に懲りてあまりに実証に取り憑《つ》かれすぎているとみえるであろう。その批判は的を射ている部分があるとも思う。しかし、歴史の修正を辛くもとどめることができるものがあるとすれば、それは事実の重みしかない、という想いから私は脱することができない。(46)

中国の反日デモと日本の中国研究

前述の孫歌らの主張は、この頃盛んだった現代思想などの分野における歴史と記憶をめぐる議論を背景としたものだった。そのためこの後、歴史と記憶を対置する議論がより折衷的な方向に落ち着いていくのにともなって、日中の歴史認識問題を「感情記憶」という視角から捉える議論も次第に収束していった。ただそれは日中間の摩擦自体が収まったということではなかった。むしろこの後も、小泉純一郎《こいずみじゅんいちろう》首相の靖国参拝問題、二〇〇三年に起きた旧日本軍の遺棄した毒ガス弾による死傷事件、日本の建設会社による集団買春事件、日本人留学生の寸劇に侮蔑的な表現があったとされる事件、二〇〇四年の北京でのサッカー・アジアカップ決勝の日中戦で中国人サポーターが日本チームに激しいブーイングを浴びせる事件などが相次ぎ、日中の国民感情は悪化する一方だった。そして二〇〇五年、国連安保理改革にともない、日本の常任理事国入りの可能性が示されると、中国各地でこれに反対する大規模なデモが起き、日系企業に対する襲撃も発生した。この反日デモは日本社会の中国に対する印象を決定的に悪化させた。

この時期にも日中間のヒト・モノ・カネの動きは拡大し続けており、二〇〇七年にはアメリカを

毛里和子

抜いて中国が日本の最大の貿易相手国となった。二〇〇〇年代後半には日中の政府間関係は一時的に安定に向かった。日中政府間の合意により二〇〇六年から二〇〇九年にかけて「日中歴史共同研究プロジェクト」も実施された。[47] 発展するＡＳＥＡＮを軸とした「東アジア共同体」の構想が語られたのもこの時期である。[48] しかし中国が二〇一〇年にＧＤＰで日本を抜いて世界二位となり、次第に大国化して隣接地域への影響力を拡大していく中で、今度は領土・領海問題が中国と各国との摩擦要因として急速に浮上してきた。

二〇一〇年には、尖閣諸島沖で中国漁船が取り締まりの海上保安庁巡視船に船体を衝突させる事件が起きた。日本政府が漁船の船長を拘留すると中国政府は強く反発し、レアアースの禁輸措置などを含む強硬な手段で抗議を行った。さらに二〇一二年に、日本政府が尖閣諸島の魚釣島などを民間の所有者から購入すると、ふたたび中国各地で暴力的な反日デモや、日本製品の不買運動などが展開された。日本でも「反中」「嫌中」本が書店にあふれる一方、東洋史学や中国近現代史研究を志望する学生は急減した。

こうした中、日本の中国研究者たちもそれぞれの立場から事態への対処を試みた。現状分析の分野からは、中国ナショナリズムや日中関係に関する冷静な分析の必要性が主張された。[49] 二〇一三年には毛里和子（早稲田大学名誉教授）らの呼びかけにより「新しい日中関係を考える研究者の会」が結成され、戦後日中関係の再検討と現在・未来の東アジアのあり方についてのワークショップやシンポジウム、市民セミナーなどを開催している[50]（二〇二一年に「日中関係論談」と改称）。

歴史学の分野では、こうした中国と日中関係の急速な変化に日本の中国近現代史研究が十分に対応できていないのではないかという内部からの批判も生まれた。たとえば飯島渉は「「中国史」が亡びるとき」（二〇一一年）と題した文章で強い危機感を表明し、中国のプレゼンス拡大の一方で中国史を専攻する学生が減少している現状に対し、問題は日本の中国近現代史研究の発信力や理論化の努力、方法的基盤の歴史的分析の不足、「檔案第一主義」などにあるとした[51]。

外部からの批判も見られた。文学研究者の丸川哲史《まるかわてつし》は孫歌らとともに竹内好を再評価し、現行の日本の中国研究を直接的に批判した。

> 竹内がなぜ今、再び読み直さ〔れ〕なければならないのか。一つ思い出されるのは、戦後六〇周年を迎えた二〇〇五年春、日本の国連安保理への参入への拒否反応を集めたとされる中国での「反日」デモに際し、日本の中国研究者が何ら有効な現代中国論を提示し得なかった事態がある。中国にかかわる膨大な知識を集積し、日々研鑽を重ねているはずの研究者が、じつに影の薄い存在となっていた。しかし興味深いのは、そのような「反日」デモの最中、日本への関心の高まりからか、同時期に中国で翻訳・発売された竹内好の選集『近代的超克』が、むしろ大きな評判を得たことである。……

文革の終結からの一九八〇年代以降、日本において実証的な中国研究の積み重ねが存在するにもかかわらず、そのような細分化・集積化された中国研究では克服できないような「何か」が、竹内の中にはあるのではないか、と思われる。端的にそれは、知の集積としての中国研究ではなく、歴史的感度が試されるような眼差しのあり方であろう。そしてそのような眼差しとは、取りも直さずその中国の隣に位置する国、すなわち日本自身への歴史的関心によって媒介されるものでなくてはならない、ということになろう。[52]

丸川の議論は、基本的には日本国内における中国研究の地位低下を問題視し、その対策としてかつての竹内のように中国研究を日本の現状と結びつけることを主張したものである。ただ、学生の減少や影響力の低下は現在人文学全般にとって大きな問題となっていることであり、さらにまたその背景には日本の高等教育自体の構造的な問題もある。[53]そこから考えると、こうした問題がどの程度まで日本の中国研究のあり方に起因するものなのかについては、判断しがたいところもある。

とはいえ、この問題に対して中国近現代史研究者が何もしていなかったわけではもちろんない。日本の社会や他の学問分野に対する発信の努力の一方、中国、台湾、韓国などの中国学界で日本の中国研究者が研究を発表したり出版したりすることはかなり以前から一般化している。そうした状況の下で、たとえば吉澤誠一郎は現代の中国における政治と歴史の結びつきを前提に、中国との対話に必要なのは立場を超えて共有できる史実なのではないかとした。

私にとっては、このような状況のもとでは、やはり学問の普遍性を強調し、国籍を問わず承認できる史実を想定していく必要性を強く感じる。すべての言説の政治性・相対性を高唱する一部の論者を私が痛撃してやまないのは、そんな当たり前のことを今さら指摘してくれるなという気持ちのほかにも、誰もが承認できるように学問的手続きによる論証を行なうという場を意識的に構築することが不可欠と信じているからである。(54)

問題に対する視点の差異に起因するこのようなすれ違いは、その後も基本的に変化していない。

中国の新左派・自由主義派と日本のラディカル・リベラル

研究の客観性と主体性をめぐる問題の再提起は、同時期の中国における論争の構図と交錯することでより複雑化した面がある。

一九八九年の天安門事件による民主化運動の挫折後、中国の思想界は大きく二つに分かれた。

一つは「新左派」と呼ばれる立場である。一九九四年、マサチューセッツ工科大学の政治学の助手だった崔之元《さいしげん》（一九六三—）が、改革開放政策が無批判に欧米の制度を導入していると批判し、人民公社など社会主義時代の施策を、中国の伝統に適うものとして再評価する論文を香港の雑誌に発表した。(55)崔の議論は、グローバリゼーションや自由主義の限界をポストモダニズムの立場から批判し、文革以前の実践を再評価するという性格を持っていた。

こうした立場に立つ代表的な論者としては汪暉（一九五九—、清華大学）が知られる。汪暉の議論の内容は多岐にわたるが、中国近代思想を「反近代の近代」という視点から評価する点は、竹内好などと非常に近いものがあった。

「反近代の近代理論」とは毛沢東思想だけの特徴ではない。清末以降の中国思想の主要な特徴の一つでもある。「反近代」の志向は、よく指摘される伝統の要素に由来するだけではない。より重要なことは、帝国主義の拡張と近代資本主義社会の危機の進行こそ、中国がモダニティを探求する歴史的コンテクストを構成したということだ。……モダニティに対する懐疑と批判そのものが中国のモダニティをめぐる思想の基本的特徴であったとさえいえる。そのため、中国の近代思想とその最も重要な思想家たちは、パラドキシカルな方式で中国のモダニティを探求する思想営為と社会実践を展開したのである。中国の近代思想にはモダニティに対する批判的省察が内包されている。(56)

こうした新左派の議論は、自由主義批判や社会主義的な平等の重視、中国の独自性の強調という点で共産党政権の公定ナショナリズムと親和的な部分がある。また西洋中心主義批判、近代批判、グローバリゼーション批判、ポストモダニズムの主張によって西側のラディカルな知識人などから評価を得た。

もう一つは「自由主義派」と呼ばれる立場で、一九八〇年代の啓蒙主義を引き継ぎ、中国の後進性を前提に、グローバリゼーションに同調し、あるべき資本主義・自由主義・代議制民主主義を目指すことを主張する知識人たちである。著名な論者として袁偉時《えんいじ》（一九三二—）、徐友漁《じょゆうぎょ》（一九四七—）、秦暉《しんき》（一九五三—）、劉暁波《りゅうぎょうは》（一九五五—二〇一七）、許紀霖《きょきりん》（一九五七—）らがいる。こちらは逆に近代の諸価値の普遍性を強調する傾向が強い。

長きにわたる人権の災厄と、屈折にみちた抗争を経験して、目覚めた中国公民は、自由・平等・人権が人類共有の普遍的価値であり、民主・共和・憲政が近代政治の基本的制度であることを、明確に認識するにいたった。この普遍的価値と基本的政治制度を離れた「近代化」は、人間の権利を剝奪し、人間性を堕落させ、人間の尊厳を損なう災厄の過程である。二一世紀の中国はどこに向かうのか、現在の権威的統治のもとの「近代化」を継続するのか、それとも普遍的価値を支持し、主流文明に仲間入りし、民主的政治体制を作るのか。これは避けることのできない選択である。(57)

自由主義派の議論は、人権やチベットを含む非漢人エスニック集団の権利の尊重、代議制民主主義に代表される近代西洋的価値観の重視という点で、「国情」を強調する共産党政権の立場や文化ナショナリズムとは衝突する面がある。実際に著名な自由主義派知識人には言論弾圧の対象となった者も多い。劉暁波の「零八憲章」（二〇〇八年）に対する海外の評価やノーベル平和賞受賞（二〇一〇年）に代表されるように、彼らが西側諸国のリベラル層から支持されたこともかえって中国政府の態度を硬化させた。

二〇〇〇年代末以降、中国の民主化の可能性が薄れたこと、新左派が体制化したことなどから、自由主義派対新左派という構図は次第に崩れていく。(58) しかしこの自由主義派と新左派の対立は、双方を支持する日本の研究者間の摩擦も招いていた。二〇〇〇年代に汪暉の議論が日本で紹介されると、前述の丸川哲史や柄谷行人がこれを高く評価した。

著者〔汪暉〕は私が最も信頼する現代中国の思想家である。……〔資本主義経済が自然的・永続的であるかのように考える〕このような脱政治化が日本や先進資本主義国でおこったが、実は、中国でも同じであった。「社会主義的市場経済」の名の下に、資本主義経済（新自由主義）が急激に進行し、各地で深刻な階級対立が生じたのである。ところが、それはナショナリズム、エスニック・アイデンティティー、あるいは人権問題などの「政治」にすり替えられた。それらは政治的に見えるが、脱政治的なのだ。

……現在の中国の民族問題を理解するためには、清朝によって拡大された冊封体制（朝貢関係）を考える必要がある。近代西洋に始まる主権国家の観点から見ると、朝貢関係は支配―従属関係でしかない。しかし、朝貢は実際には交易であり、帝国は他国の政治や文化にはまったく干渉しない。朝貢関係は交易や平和を保障する国際的システムなのである。……

この朝貢関係というシステムについての理解は、現在のチベットの問題を歴史的に理解するために不可欠である。……むろん、著者は清朝の政治システムを称賛しているのではない。ただ、朝貢関係や儒教の伝統に、複数の「システムを跨《また》いだ社会」の原理を構築するためのヒントを見ようとしているのである。[59]

柄谷は資本主義や近代西洋（具体的にはアメリカ）を批判するために前近代の「帝国」を対置した。ただ、その目的はさておき、柄谷の議論は中国の現状に対する認識が甘い点があり、[60]また中国を専門とする研究者の視点からはその中国史理解に妥当とはいいがたい点があると見えること（たとえば当時すでに「朝貢貿易システム」論には批判が寄せられていたし、また清とチベットの関係が朝貢・冊封とは異なる論理に基づくという理解も広まっていた）も困惑を招いた。またここで触れられている「少数民族」の扱いは新左派とその支持者の議論において最も問題とされる箇所であり、なぜ「中国」という単位でなければならないのか、という問いには「中国の文化や歴史の優越性」以外の回答が必要であろう。

そのため新左派に否定的な日本の中国研究者の中には、こうした議論を強く批判する者もある。

きわめて奇妙なことに、日本（あるいは中国）の一部の「進歩的」知識人たちは、〔二〇一四年の台湾のひまわり学生運動や香港の雨傘運動など〕こうした東アジアでの動きに背を向け、それら諸問題の根底にある中国の反民主的、かつ人権抑圧的独裁体制を容認する方向へと突き進んでいる。

たとえば、柄谷行人は『帝国の構造』（青土社、二〇一四年）で、共産党政権の中国を「王朝」に見立て、その「前近代的」帝国のあり方を基本的に擁護しつつ、世界の社会主義国家が崩壊していった一九八九年以降にも同政権が維持してきた〔ママ〕ことが「文化大革命の遺産」の残存ゆえであると主張している。(61)

石井知章《いしいともあき》（早稲田大学大学院政治学研究科修了、明治大学商学部）はウィットフォーゲルの「東洋的専制主義」論を根拠に、中国共産党の一党独裁と人権侵害、少数民族問題などを中国の前近代性の問題とし、前近代の中国の世界観や文革を思想的資源として再評価する新左派とそれを支持する柄谷や丸川を強く批判した。とは言え代田智明が指摘したように、こうした議論も「運動の論理」の先行という点で類似した問題を抱えていたことは否めない。(62) 柄谷や丸川が応答しないこともあり、こうした異なる立場の存在が、中国認識をより深めるにはどうしたらよいかといった議論には必ずしもつながっていないのが現状である。

大国化する中国と日本の中国研究

台湾では二〇〇八年の総統選挙で国民党の馬英九《ばえいきゅう》が当選して政権を奪還し、性急な統一・独立のいずれもとらない、現状維持のままの安定を目指す方針が取られた。しかし二〇一四年、両岸サービス貿易協定の締結への反発に起因して、学生が国会に当たる立法院を長期にわたり占拠する「ひまわり学生運動」が起き、二〇一六年の選挙では蔡英文《さいえいぶん》が当選して、ふたたび民進党が政権を獲得した。蔡は二〇一九年の新型コロナウイルスの世界的流行に果断に対処し、二〇二〇年の選挙で圧倒的な支持を得て再選された。

また香港は前述のように一九九七年にイギリスから中華人民共和国に主権移譲されたが、以後五〇年間はそれまでの制度を維持する「一国両制」(一国二制度)が取られることになった。しかし中国政府の干渉拡大に住民の反発が高まり、二〇一四年には学生や市民が行政長官の普通選挙を求めて都市中心部を占拠する「雨傘運動」が起きた。二〇一九年にも、逃亡犯条例改正案への反対をきっかけとする大規模で長期にわたるデモが展開された。

二〇〇八年にはラサで起きた宗教弾圧に対する僧侶の抗議デモをきっかけとして、チベット各地に暴動が広がった。翌二〇〇九年には新疆ウルムチでもウイグル人と漢人との摩擦に起因する大規模な暴動が発生した。中国政府はこれらに強硬な鎮圧で臨んだ。チベットや新疆、内モンゴルに代表される「少数民族」地域に対して中国政府が統制を強めていることは、欧米からの批判を招いている。

二〇一二年に中国共産党総書記に就任した習近平は、「中国の夢」「中華民族の偉大な復興」をスローガンに掲げた。二〇一三年には、中央アジア・東南アジア・南アジアにわたる大規模な投資構想である「一帯一路」を発表、二〇一五年にはアジアインフラ投資銀行(AIIB)を発足させ、多くの国々が参加することになった。このように、経済発展にともない、現在の中国はアジアに止まらず、世界全体に影響力を及ぼすグローバル大国となっている。武漢から始まった新型コロナウイルスの流行に対しても、当初の混乱の後に強力なロックダウンで対処し、二〇二〇年には主要国で唯一GDPのプラス成長を実現した。ただこうした中国の台頭はアメリカとの貿易や先端技術をめぐる摩擦も招いており、深刻化する米中対立は「新冷戦」と呼ばれるまでに至っている。

このように経済的重要性と政治的プレゼンスを増大させる一方で周囲との摩擦も深めている現在の中国をどのように捉えるかは、日本の中国研究者にとって極めて大きな問題となっている。「おわりに」ではこの問題に触れて本書のまとめとしたい。

一九九〇―二〇一〇年代の中国研究の特徴

一九八九年の天安門事件に際しては、民主化運動を中華民国期からの連続性で捉える民国史研究の立場と、運動の弾圧を伝統との連続性、中国の特殊性という視点から捉える立場があった。中国がその後市場経済化を進める中、中国の近代化過程を検討する民国史研究が盛んになった。また中国で愛国主義教育が施行されたことで、中国ナショナリズムに対する批判的な研究や、その西洋や日本との共通性への関心も高まった。同時代の台湾の民主化や「本土化」に刺激を受けた台湾研究の勃興、華僑・華人や「少数民族」への注目も、「中国」を自明のものと見なすそれまでの認識を大きく変えた。ただ、中国の工業化や近代的な制度・思想の導入などを主に扱う民国史研究は、同時期の明清史からなされた中国社会の性質をめぐる問題提起とはかみ合いにくい面があった。

そうした中国社会のあり方という問題に接続したのは、むしろその後に盛んになった人民共和国史研究だった。革命中心史観が否定された後、土地改革を、散漫な農村を背景に、共産党の上からの指導と自己防衛を図る利己的な農民とのせめぎあいとする見方が強まり、社会を分断し対立させる共産党の動員手法が、後の文革や現代の共産党政権の統治手法につながるものとして盛んに研究されている。

一九九〇年代から二〇一〇年代は、日本と中国、台湾、韓国などの間で学問的な交流が盛んになる一方、歴史認識問題が摩擦の要因として浮上した時期でもあった。また中国では自由主義派と新左派の間で論争が起き、日本にもそれぞれを支持する論者がいた。このため、日中双方の文脈が交錯する形でこれらの問題をめぐる議論は展開された。「感情記憶」の重要性を主張する孫歌を溝口雄三が支持し、資本主義批判の手段として中国文化を対置する汪暉の議論を丸川哲史や柄谷行人が支持したのがその具体的な事例である。ただ、客観性・実証性を重視し、「中国」の自明性に疑問を持つ当時の中国近現代史研究者たちには、これらの議論は受け入れにくいものだった。

この時期の大きな問題の一つは、日中間のヒト・モノ・カネの流れが緊密化し、さまざまな中国論が社会に流布する一方で、それらと学問的な中国研究との間の距離が大きく広がったことである。反日デモで日本社会に「嫌中」感情が広まる中で、「客観性」を重視する立場から冷静な議論を訴える日本の中国研究者が大きな影響を及ぼしたとはいいがたい。それどころか、世界における中国のプレゼンスが拡大する一方の今日において、日本で中国研究を専攻しようとする学生の数がむしろ非常に少なくなっている現状がある。これに対してそれぞれの立場から理由の検討と対応の提起がなされており、今後の日本の中国論と中国研究の行方が問われている。

注

(1) 中嶋嶺雄『中国の悲劇』講談社、一九八九年。

(2) 加々美光行「民主化――暗転の構図」『世界』第五三一号、一九八九年八月。後、加々美光行『現代中国の黎明――天安門事件と新しい知性の台頭』学陽書房、一九九〇年、に収録。他に加々美らがまとめた資料集として、加々美光行編、村田雄二郎監訳『天安門の渦潮――資料と解説／中国民主化運動』岩波書店、一九九〇年、がある。

(3) 矢吹晋『中国開放のブレーン・トラスト』蒼蒼社、一九八七年、矢吹晋編『中国のペレストロイカ――民主改革の旗手たち』蒼蒼社、一九八八年。

(4) 矢吹晋編訳『チャイナ・クライシス重要文献』第一―三巻、蒼蒼社、一九八九年。

(5) 矢吹晋編著『天安門事件の真相』上・下、蒼蒼社、一九九〇年。前掲伊藤「日本の中国研究」三二頁、前掲張競、村田「解説」三一七―三二一頁。

(6) 久保亨「刊行にあたって」六四中国近現代史研究者声明有志連絡会編集、西村成雄、安井三吉、古厩忠夫、石島紀之、奥村哲、久保亨、井上久士、渡辺俊彦編『中国――民主と自由の軌跡――天安門事件の歴史的背景』青木書店、一九八九年、三―四頁。

(7) 山田辰雄「今こそ民国史観を」『近きに在りて』第一七号、一九九〇年五月。

(8) 前掲張競、村田「解説」三一九頁。

(9) 園田茂人編著『現代中国の階層変動』中央大学出版部、二〇〇一年、など。

(10) 「刊行にあたって」溝口雄三、浜下武志、平石直昭、宮嶋博史編『アジアから考える一　交錯するアジア』東京大学出版会、一九九三年。

(11) 前掲岸本「アジアからの諸視角」。

(12) 岩井茂樹「財政――国家の変貌」狭間直樹、岩井茂樹、森時彦、川井悟『データでみる中国近代史』有斐閣、一九九六年。後、岩井茂樹『中国近世財政史の研究』京都大学学術出版会、二〇〇四年、に収録。

(13) 山田賢『中国の秘密結社』講談社、一九九八年。

(14) 藤谷浩悦「中国近代史研究の動向と課題――日本における研究を中心に」『歴史評論』第六三八号、二〇〇三年六月。

(15) 岸本美緒「中国史研究におけるアクチュアリティとリアリティ」歴史学研究会編『歴史学のアクチュアリティ』東京大学出版会、二〇一三年。

(16) 飯島渉『ペストと近代中国――衛生の「制度化」と社会変容』研文出版、二〇〇〇年、五頁。

(17) 村田雄二郎「中華ナショナリズムの現在」『世界』第五八八号、一九九三年一一月。
(18) 坂元ひろ子「中国民族主義の神話──進化論・人種観・博覧会事件」『思想』第八四九号、一九九五年三月。後、坂元ひろ子『中国民族主義の神話──人種・身体・ジェンダー』岩波書店、二〇〇四年、に収録。
(19) 毛里和子『周縁からの中国──民族問題と国家』東京大学出版会、一九九八年。
(20) 吉澤誠一郎『天津の近代──清末都市における政治文化と社会統合』名古屋大学出版会、二〇〇二年、六頁。
(21) 吉澤誠一郎「中国ナショナリズム構想期における国民統合論」『インターカルチュラル』第四号、二〇〇六年四月。
(22) 春山明哲「日本における台湾史研究の一〇〇年──伊能嘉矩から日本台湾学会まで」『アジア経済』第六〇巻第四号、二〇一九年一二月。
(23) 可児弘明『近代中国の苦力と「豬花」』岩波書店、一九七九年。
(24) 濱下武志「移民と商業ネットワーク──潮州グループのタイ移民と本国送金」『東洋文化研究所紀要』第一一六号、一九九二年三月。後、「移民と商業ネットワーク──潮州グループのタイ移民の事例から」と改題して、濱下武志『華僑・華人と中華網──移民・交易・送金ネットワークの構造と展開』岩波書店、二〇一三年、に収録。
(25) 川崎有三「日本における華僑華人研究」華僑華人の事典編集委員会編『華僑華人の事典』丸善出版、二〇一七年、岡野翔太（葉翔太）「戦後「日本華僑」の描かれ方──「台湾出身者」の包摂と排除をめぐって」『華僑華人研究』第一七号、二〇二〇年一一月。
(26) 江田憲治「最近一〇年間における日本の中国共産党史研究について」『近きに在りて』第二九号、一九九六年五月、久保亨、江田憲治「現代」礪波護、岸本美緒、杉山正明編『中国歴史研究入門』名古屋大学出版会、二〇〇六年。
(27) 石川禎浩『中国共産党成立史』岩波書店、二〇〇一年。
(28) 江田憲治「中国共産党の党内民主主義──一九二〇年代の党内論争を中心に」『史林』第七七巻第六号、一九九四年一一月、同「一九二〇年代の民主主義──国民党と共産党を中心に」狭間直樹編『一九二〇年代の中国』汲古書院、一九九五年、など。
(29) 田中仁『一九三〇年代中国政治史研究──中国共産党の危機と再生』勁草書房、二〇〇二年。

(30) 久保亨「中国一九四九年革命の歴史的位置」『歴史評論』第六五四号、二〇〇四年一〇月。後、「一九四九年革命の歴史的位置」と改題して、久保亨編著『一九四九年前後の中国』汲古書院、二〇〇六年、に収録。

(31) 田中恭子『土地と権力——中国の農村革命』名古屋大学出版会、一九九六年。

(32) 高橋伸夫『党と農民——中国農民革命の再検討』研文出版、二〇〇六年。

(33) 丸田孝志『革命の儀礼——中国共産党根拠地の政治動員と民俗』汲古書院、二〇一三年。

(34) 三品英憲「中国共産党の支配の正当性論理と毛沢東」『現代中国』第八四号、二〇一〇年九月、同「華北農村社会と基層幹部——戦後内戦期の土地改革運動」笹川裕史編『戦時秩序に巣喰う「声」——日中戦争・国共内戦・朝鮮戦争と中国社会』創土社、二〇一七年、など。

(35) 丸田孝志「中国共産党史研究は何を語ってきたか?」『研究中国』第七号、二〇一八年一〇月。

(36) 笹川裕史『中華民国期農村土地行政史の研究——国家—農村社会間関係の構造と変容』汲古書院、二〇〇二年。

(37) 笹川裕史『中華人民共和国誕生の社会史』講談社、二〇一一年、八頁。

(38) 金野純『中国社会と大衆動員——毛沢東時代の政治権力と民衆』御茶の水書房、二〇〇八年。

(39) 山本真『近現代中国における社会と国家——福建省での革命、行政の制度化、戦時動員』創土社、二〇一六年。

(40) 溝口雄三「「日中・知の共同体」のこれまでとこれから」『東方』第二一三号、一九九八年一一月、「日中・知の共同体——新しい日中関係を築くために」『アジアセンターニュース』第二二号、二〇〇二年一一月。

(41) 孫歌「アジアを語ること——そのジレンマ」(初出二〇〇〇年)、「アジアという思考空間」(初出二〇〇一年)『アジアを語ることのジレンマ——知の共同空間を求めて』岩波書店、二〇〇二年。

(42) 代田智明「書評　孫歌『アジアを語ることのジレンマ』」『野草』第七一号、二〇〇三年二月。後、「孫歌『アジアを語ることのジレンマ』との対話」と改題して、代田智明『現代中国とモダニティ——蝙蝠のポレミーク』三重大学出版会、二〇一一年、に収録。

(43) 孫歌著、坂井洋史訳「日中戦争——感情と記憶の構図」『世界』第六七三号、二〇〇〇年四月。後、前掲孫歌『アジアを語ることのジレンマ』に収録。

(44) 溝口雄三「日中間に知の共同空間を創るために——孫歌論文に応じて」『世界』第六七九号、二〇〇〇年九月。後、「現在形の歴史とどう向き合うか」と改題して溝口雄三『中国の衝撃』東京大学出版会、二〇〇四年、に収録。

(45) 代田智明「感情としての「加害の記憶」」『中国研究月報』第五四巻第一一号、二〇〇〇年一一月。

(46) 古厩忠夫「「感情記憶」と「事実記録」を対立させてはならない――溝口雄三論文への反論として」『世界』第六九二号、二〇〇一年九月。後、古厩忠夫『日中戦争と上海、そして私――古厩忠夫中国近現代史論集』研文出版、二〇〇四年、に収録。

(47) ただし、二〇一〇年に公開された報告書は日本側・中国側それぞれの歴史の見方を併記した形になり、また戦後史の部分は公開されなかった。北岡伸一、歩平編『「日中歴史共同研究」報告書』第一・二巻、勉誠出版、二〇一四年。

(48) 毛里和子編集代表『東アジア共同体の構築』一―四、岩波書店、二〇〇六―二〇〇七年。

(49) 清水美和『中国はなぜ「反日」になったか』文藝春秋、二〇〇三年、清水美和『中国が「反日」を捨てる日』講談社、二〇〇六年、毛里和子『日中関係――戦後から新時代へ』岩波書店、二〇〇六年、田島英一『弄ばれるナショナリズム――日中が見ている幻影』朝日新聞社、二〇〇七年、など。

(50) 毛里和子「排他的ナショナリズムを越えて――「新しい日中関係を考える研究者の会」がめざすこと」『世界』第八五四号、二〇一四年三月。

(51) 飯島渉「総説――中国近現代史研究の方法・思想・制度」前掲飯島、田中編『二一世紀の中国近現代史研究を求めて』、前掲飯島「「中国史」が亡びるとき」。

(52) 丸川哲史「はじめに」丸川哲史、鈴木将久編『竹内好セレクションI――日本への／からのまなざし』日本経済評論社、二〇〇六年、七―八頁。

(53) 吉見俊哉『「文系学部廃止」の衝撃』集英社、二〇一六年。

(54) 吉澤誠一郎「ネメシス号の世界史」『パブリック・ヒストリー』第一〇号、二〇一三年二月。

(55) 崔之元「制度創新与第二次思想解放」『二十一世紀』第二四期、一九九四年八月。

(56) 汪暉「現代中国の思想状況とモダニティの問題」(初出一九九四年)汪暉著、村田雄二郎、砂山幸雄、小野寺史郎訳『思想空間としての現代中国』岩波書店、二〇〇六年、一二―一三頁。

(57) 劉暁波「〇八憲章」(初出二〇〇八年)廖天琪、劉霞編、丸川哲史、鈴木将久、及川淳子訳『最後の審判を生き延びて――劉暁波文集』岩波書店、二〇一一年、二六五頁。

(58) 砂山幸雄「見失われた「一九八九年」――ポスト冷戦期中国の思想文化動向(一九八九―二〇一二年)」『思想』第一一四六号、二〇一九年一〇月。

(59) 柄谷行人「書評　汪暉『世界史のなかの中国――文革・琉球・チベット』」『朝日新聞』二〇一一年三月六日。

(60) 衛藤安奈「中国国民党における近代知とファシズム」山本信人編著『アジア的空間の近代――知とパワーのグローバル・ヒストリー』慶應義塾大学出版会、二〇二〇年、三〇九―三一〇頁。ただし衛藤は柄谷の近代批判の有効性自体は高く評価している。

(61) 石井知章「日中「進歩的」知識人たちの共犯関係を打ち破るもの――子安宣邦『帝国か民主か――中国と東アジア問題』を読む」『変革のアソシエ』第二一号、二〇一五年七月。

(62) 代田智明「書評の太平楽」『中国研究月報』第六五巻第五号、二〇一一年五月。

おわりに

「現状分析家たちの目には、歴史家たちの著作は往々にして限られた時間と空間の特殊性に埋没しており、したがって一般理論への志向を持たず、また比較の視点を欠いていると映る。……このため――もちろん、現状分析家の歴史嫌いや忙しさや知的怠惰も指摘できるとしても――現状分析を手がける者は、めったに歴史家の著作を参照しない。」（高橋伸夫「現代中国研究からの提言」飯島渉、田中比呂志編『二一世紀の中国近現代史研究を求めて』研文出版、二〇〇六年、一四一頁）

「昨今は中国の「外交史」と言えば、中華人民共和国の時期しか指さないようである。どうやら一般の関心も、眼前にしかないらしい。……目前だけ見て、中国のすべてが分かるのなら、それでもよいだろう。しかし日本政府が対中外交で成功したためしがあったか。たとえば、それだけを考えてみても、実情は推して知るべしである。」（岡本隆司「はしがき」岡本隆司、箱田恵子編著『ハンドブック近代中国外交史――明清交替から満洲事変まで』ミネルヴァ書房、二〇一九年、i頁）

戦後日本の中国近現代史研究

ここまで見てきた明治以来、そして戦後の日本の主要な中国論・中国研究の枠組みを「はじめに」に示した座標軸に沿って整理すると次のようになるだろうか。

中国の特殊性と普遍性、連続性と変化という点では、戦前の脱亜論は西洋化した日本と停滞した中国を対比し、その原因は中国と日本の社会の性質の違いにあるとしてきた。これに対しアジア主義は日本と中国の社会の類似性を強調し、西洋近代の普遍性を否定する立場を取った。ただ中国が停滞しているという認識は脱亜論と同じであり、それを日本が導いて変えなければならないとしたのである。中国の近代化を評価する立場は、日本・中国・西洋の共通性をより強調したが、この立場をとる者は少数だった。

戦後初期、マルクス主義に立つ研究者は、中国共産党政権の成立という「大変化」を説明し、戦前の中国停滞論を否定するため、日本・中国・西洋の発展の共通性を強調する「世界史の基本法則」論を導入した。また、欧米社会科学の手法に立つ研究者が主張した、日本と西洋に対する中国の停滞を強調する近代化論は、戦前の脱亜論と同じ構造であり、マルクス主義に立つ研究者からは批判の対象となった。

しかし実証研究の進展につれ、西洋由来の「世界史の基本法則」を中国にあてはめることの困難が次第に明らかになった。そこでマルクス主義に立つ研究者たちは、西洋や日本と異なる中国独自の発展過程を明らかにすることを試みた。そのため彼らの間で、中国の近代を西洋への抵抗の過程と見なす竹内好の議論は大きな影響力を持った。文化大革命が始まると、こうした中国の独自性を評価する研究者の多くは、マルクス主義の中国独自の発展であるとして支持した。しかし日本共産党や欧米社会科学の立場からは、毛沢東思想はマルクス主義の普遍性を歪めるものだという批判もなされた。

文革の実態が明らかになり、また中国での現地調査が可能になると、中国の独自の発展を評価するという立場は力を失い、中国の独自性や伝統からの連続性をむしろ近代化の阻害要因とする見方が強まった。明清史研究からも中国社会の独自性を強調する議論が提起された。これに対し、中国の市場経済化が進む中、民国史研究やナショナリズム研究のように中国の問題の普遍性を重視する立場も生まれた。民国史研究は一九四九年前後の変化よりも連続性、近代を通じての課題の共通性を重視した。

新たに開始された人民共和国史研究は、明清史の研究成果などを元に、独自の性質を持つ中国農村に中国共産党がどのように権力を浸透させていったかを検討した。ただ、それが中国社会をどの程度変化させたのか、あるいは変化させなかったのかをめぐっては、議論が続いている。

政治と学問の関係、主体性の重視と客観性の強調という点では、戦後の中国近現代史研究においては、マルクス主義に立つ研究者や竹内好が学問と政治の関係を重視したのに対し、欧米の社会科学的な手法に立つ研究者は学問の客観性を強調した。一九八〇年代以降、マルクス主義が力を失う中で前者の立場は弱まり、研究においては専ら客観的な実証が重視されるようになった。ただ現在、竹内好を再評価し、学問と現実の関係を重視すべきだと主張する立場もある。

以上のような本書が設定した座標軸に基づく整理から見えてくることの一つは、近代日本の中国論においては、それを肯定的に見るにせよ否定的に見るにせよ、中国の特殊性、日本と西洋の共通性を強調する認識が主流を占める時期が多かったことである。戦前の日本社会の基調が欧化と脱亜であり、アジア主義は少数派であったこと、戦後においても、文革期や一九九〇年代など、一時的にアジア論がブームになる時代があったとしても、基本的には欧米志向が貫かれたことが要因と考えられる。中国の問題の普遍性を強調する立場も、概して少数派だった。こうした傾向は、中国を外部からの基準によってではなく内在的に理解すべきという主張を生む一方、中国を理解不能な存在として遠ざける発想につながることもあったように思われる。

また、戦後のある時期まではマルクス主義に立つ研究者の間で中国の変化を強調する見方が一定の力を持ったものの、それ以外の時期においては総じて中国の歴史的な連続性を重視する立場が強かった。これは前述の中国の特殊性を強調する立場と重なっていた。日本の中国史研究において、総じて近代以前が重視されてきたことも、その一因かもしれない。

一方で「日本で中国という外国の歴史や現状を考える意義」について見た場合、戦前のアジア主義者や戦後の文革支持者たちは、中国の問題を自らの「主体」に関わる問題と捉え、中国の「保全」や革命に人生を投企した。そうした彼らの言葉が同時代の日本社会に対して一定の影響力を持ったことは否定できない。しかしそれらが現実に存在して人間が生活している中国と乖離したものだった以上、いずれは幻滅や挫折、反動に陥ることは免れがたかった。多くの時期において、中国と日本（や西洋）の違い、中国から距離を取った「客観的」な観察の必要性が強調されてきた所以《ゆえん》である。ただその場合、「日本で中国という外国の歴史や現状を考える意義」はどうなるのか。日本と地理的に近く、歴史的にも長い関係を持ち、広大な領土と膨大な人口を有し、さらには大国として現代世界に大きな影響力を持つ中国を研究すべきなのは当然である、という答えももちろんあり得るだろう。ただそれが現実に人々の心をつかむことができているとはいいにくい。

あり得る方法の一つは、中国の歴史的な経験が日本に住む「私たち」にとってどのような意味を持つのかを改めて考えることだろう。もちろんそれはその「私たち」とはそもそも何かという問いと一体でなければならない。そしてまた、かつてのような、中国との対比で日本を語る「日本論としての中国論」や、自説を仮託する対象として中国を扱う「手段としての中国論」に陥らないためには、前提として中国と日本だけでなく、より多くの地域の事例について、さまざまな基準から比較検討を行う必要がある。それによってはじめて、日本、中国、そして世界の各地域のどこが共通しどこが異なるのかを印象論に陥らずに論じることができるようになるからである。

もう一つの手がかりは、歴史学にとっての最終的な目的は世界史に他ならないということである。中国史研究はその不可欠の一部である。そうした視点からすると、中国の特殊性、日本（や西洋）との違いを強調すること自体には意味が薄い。むしろ必要なのは、そうした中国まで含みこんだ普遍的な理論や歴史像を構築することである。

現在盛んなグローバル・ヒストリーの手法が総じて西洋を中心としたものになりがちなことに対し、日本の東洋史学者からいくつかの重要な問題提起がなされている。ある意味で、問題の普遍性と特殊性、日本史・西洋史・東洋史の関係に悩み抜いてきた日本の東洋史学は、新たな世界史の構築に貢献し得るさまざまな蓄積を持っている。もっともそれらを生かすためには、目下さまざまな立場からなされている「檔案第一主義」や理論化の努力の不足に対する批判に正面から向き合わなければならない。そして一つ一つの実証的な個別研究に際して、それがより広範な領域にとってどのような意味を持つのか、常に意識し言語化することが求められる。

こうした問題意識の下、具体的に現在日本の中国研究でどのような議論が提起されているのかを最後に紹介したい。

日本の中国近現代史研究の行方

中華民国期の近代化を評価する一九八〇年代以降の研究の背景に、長期的には中国も資本主義化と経済発展にともなって、代議制民主主義や基本的人権といった、西側と共通する体制・価値観を受容していくという予想があったことは否めない。

しかし、中国はその後予想を超えた経済発展を遂げ大国化したものの、政治体制に全く変化が現れていない。さらに西側の価値観自体がゆらぐ中で、中国をどのような視点から捉えるべきかが改めて問われている。

たとえばフィリップ・ホアンや加藤弘之《かとうひろゆき》は、一九九〇年代以後の中国の「「市民社会」を伴わぬ市場化」などの現象から、アダム・スミス的モデル（資本主義）とマルクス的モデル（社会主義）が共に前提とする西洋起源の概念や図式を中国史に適用することはできないとし、「中国の経験を他の世界と連結させせうるような創造的方法でもって、中国研究の理論的自律性を達成する」ことが必要だと主張した。(1)

毛里和子はこうした問題提起を受け、中国の将来的な方向性に関する現代の研究者の見方を四つに分類した。①たとえ「中国的」な面は多くても、方向は民主化と市場化であるとする普通の近代化モデル、②民主化を否定し、伝統、特に儒学的価値へ復帰していくという伝統への回帰モデル、③台湾や韓国のように、経済発展を通じて民主化に至るという東アジアモデル、④現代中国の諸現象は決定的に固有性を持つとする「中国は中国」モデル、である。

毛里自身は当初④の「中国は中国」モデルにも惹かれるとしていたものの、その後は基本的に③の東アジアモデルを採用したとした。(2)ただ、中国の特殊性、現在の中国と伝統社会との連続性を重視すべきだという主張（毛里の整理に従えば②や④に近い立場）がより強まっていることも間違いない。たとえば清末の研究から出発して中国近現代史を論じている岡本隆司《おかもとたかし》（京都大学大学院文学研究科修了、京都府立大学文学部）は、政治体制の変化の一方で、根底に存在する社会構造が変わらなかったことを重視する。

［二〇世紀の］百年、中国の思考・発言・行動は、目まぐるしい転変をくりかえした。けれどもその経過を貫いていたのは、中国の言動を根底で枠づける社会構造、論理枠組の本質が、い

かに変わらなかったか、という事実ではなかろうか。

イデオロギー・体制は君主独裁制から立憲共和制、三民主義からマルクス主義、計画経済から市場経済へ移り変わっていった。しかしその前提に必ず存在していたのは、「士」「庶」が隔絶し、上下が乖離した社会構成である。

これは歴史のなかでできあがった構造原理なのであって、中国は従うにせよ抗うにせよ、その原理に応じざるをえない。(3)

清代の歴史を専門とする村上衛《むらかみえい》(東京大学大学院人文社会系研究科修了、京都大学人文科学研究所)も、現在に至るまで容易に変化しない中国社会独自の「制度」の分析の必要性を強調している。

中国の場合、膨大な人口をかかえた巨大社会であり、そのなかで歴史的に形成されてきた「制度」は、容易に変化せず、中国経済を大きく規定してきた。

こういった「制度」を三〇年前に取り上げれば、中国の停滞や遅れの原因を探し求めているとして、厳しい批判を浴びたであろう。……しかし、中国経済の発展が注目されてすでに久しく、現代中国経済のユニークさについての議論も、頻繁に行われるようになってきている。もはや、中国の個性をさがすことはネガティブなことではない。そして、中国の経済発展のあり方に対して、欧米や日本の経済発展のモデルをそのまま適用できないことはすでに明らかである。そこで、近代中国経済についての実証研究を進めていき、「制度」のモデルを抽出することによって、社会科学系との対話を進め、現代中国経済、ひいては現在の中国の個性の理解に寄与したいと考えている。……

抽出されてきた中国の「制度」が、はたして中国固有なものか、それともある程度普遍性をもつものなのかを判断するためには、他地域との比較が欠かせない。その際には、日本に中国と朝鮮半島を加えた「東アジア」といった日本中心的な学問的枠組みや、西欧・中国・日本といった旧来の枠組みを乗り越えた比較が必要であろう(4)。

前述したように、工業化や政治制度、思想の問題を重視してきた民国史研究および民国史研究の視点からの人民共和国史研究には、中国社会の特徴に関する明清史からの問題提起とうまくかみ合わない点があった。

また、村上らが述べるモデル化や他地域との比較、社会科学との対話の必要性も非常に重要な課題である。この点については、これまでも社会科学的な手法を用いて中国を研究してきた現状分析の領域から、より直接的な批判がなされている。代表的なのは高橋伸夫のものである。

これまで日本の中国研究者は、主として歴史学的な手法に頼って現代中国を考察するのが常であった。つまり、限られた量の文献を手掛かりにして、ある状況が出来上がる経緯を詳細に明らかにすることで、現状を説明する——もしそれを説明と呼べるならば——という方法を採用してきたのである。

……中国の巨大な変化は、従来有効であった研究方法の大幅な見直しをわれわれに迫るものである。しかし、日本の研究者たちは、こうした研究対象それ自体の変貌に見合う新たな接近方法、そして研究戦略を自覚的に構成するに至っていない(5)。

ただ、高橋の主張に対して毛里和子は、むしろ戦前の東洋学の伝統の再評価、叙述的で緻密な実証研究、しっかりした資料分析を経た歴史研究といった日本の現代中国研究の強みを重視すべきではないかという見方も提起している(6)。

いずれにせよ現状分析と近現代史研究の乖離は克服すべき問題である。歴史に対する現状分析家の感覚の鈍化も問題だが(7)、村上らが提起した歴史学者の側のモデル化や理論化を通じた対話の努力も確かに今なされなければならない課題である。それによってはじめて日本・西洋と中国、といった枠組みを解体し、アジア主義とも脱亜論とも中国特殊論とも異なる、世界史という視角から中国やさまざまな地域を論じることが可能になるからである。

一方、こうした社会科学的なモデル化や比較の手法に対し、歴史学的な分析視角こそが意味を持つ場合があるとすれば、それは中国に独特で不変に見える構造や「制度」が、いつ、どのような具体的要因によって形成されたものなのかを問う視点を提供できることであろう。この点でたとえば、中国共産党の土地改革の「成功」を、日中戦争期の国民党政権による徴税・徴兵の不公正に対する社会の不満の蓄積という極めて具体的な要因から説明した笹川裕史が「誕生したばかりの中華人民共和国が対峙した社会的現実は、けっして古くから存続してきた伝統中国社会そのままの姿などではありえなかった」[8]と指摘しているのは非常に重要である。

これは、中国社会の持つ特徴を理解する必要があるのはもちろんだが、他方で現在中国で起きている問題をその特殊性からだけ捉えるのではなく、他の地域との共通性の視点からも捉える必要があると筆者が考えるためである。たとえば現在の中国の「監視社会化」を論じた梶谷懐《かじたにかい》（神戸大学経済学部）らは、この問題を中国の伝統的な「公」と「私」の考え方などから説明すると同時に、それは中国に特殊な問題ではなく「より便利に快適に過ごしたいという人々の欲望を吸い上げる形で、人々が好みや属性に従ってセグメント化・階層化されること、さらには階層の固定化を社会の安定化のために仕方がないという現状追認的なイデオロギーで正当化することは、功利主義を主要な価値観として内在させているような社会、すなわち資本主義社会であれば、どこでも起きうることだ」[9]としている。

このように、中国の特殊性という視点がどのような問題により有効であり、普遍性という視点がどのような場合により有効であるかを、結論を先走ることなく冷静に見極めていくこと。平凡かもしれないが、それが中国の実態を「客観的」に明らかにすると同時に、日本という文脈で生きている「私たち」にとって、中国のどの部分が比較対照によって相互を相対化するのに役立つ異質な要素なのか、どの部分が自らにもあてはまる共通の課題なのかを明らかにすることにつながるのではないだろうか。

注

(1) フィリップ・ホアン著、唐澤靖彦訳「中国研究におけるパラダイムの危機——社会経済史におけるパラドクス」『中国——社会と文化』第九号、一九九四年六月、加藤弘之「普遍主義を超えて」『現代中国』第七五号、二〇〇一年一〇月。
(2) 毛里和子「「動く中国」と「変わらない中国」——現代中国研究のパラダイム・シフトを考える」『アジア研究』第五五巻第二号、二〇〇九年四月、毛里和子『現代中国政治——グローバル・パワーの肖像』第三版、名古屋大学出版会、二〇一二年。
(3) 岡本隆司『中国の論理——歴史から解き明かす』中央公論新社、二〇一六年、二〇七—二〇八頁。
(4) 村上衛「人文学からの近代中国経済史」山室信一編『人文学宣言』ナカニシヤ出版、二〇一九年、九七—九八頁。
(5) 高橋伸夫編著『現代中国政治研究ハンドブック』慶應義塾大学出版会、二〇一五年、一—三頁。
(6) 毛里和子「当代中国政治研究——私の挑戦」『現代中国』第九〇号、二〇一六年九月。
(7) 問題となった事例として、何人もの現状分析家が高く評価した張戎らの『マオ』(二〇〇五年)が、後に史料の使用方法などに多くの問題を含む学問的水準を満たさないものだったことが明らかにされた件などが挙げられる。矢吹晋「特別書評『マオ——誰も知らなかった毛沢東』」二一世紀中国総研編『中国情報源 二〇〇六—二〇〇七年版』蒼蒼社、二〇〇六年。後、矢吹晋『激辛書評で知る中国の政治・経済の虚実』日経BP社、二〇〇七年、に収録。大沢武彦「ユン・チアン、ジョン・ハリデイ『マオ——誰も知らなかった毛沢東』とその反響をめぐって」『歴史評論』第六八八号、二〇〇七年八月。
(8) 前掲笹川『中華人民共和国誕生の社会史』一一頁。
(9) 梶谷懐、高口康太『幸福な監視国家・中国』NHK出版、二〇一九年、二三八頁。

あとがき

本書の性格上、筆者がどのような学問的背景を持つ者か明示する必要があると考えるため、ここに簡単に記しておきたい。

筆者が初めて中国史研究に触れた東北大学文学部東洋史研究室は歴史的に京大東洋学の影響が強い場所だった。学部時代に現代思想などに触れ、近代史研究に興味をもったものの、東北大学には中国近代史を専門とする先生がおられなかったため、卒業後は東京大学大学院総合文化研究科の村田雄二郎先生に指導を受けた。国際シンポジウムなどのイベントや、国外からの研究者招聘が多かった時期で、来日した汪暉先生の案内などをしたこともあった。同研究科の並木頼寿先生や、文学部中国思想文化研究室の佐藤慎一先生、東洋史研究室の吉澤誠一郎先生にも指導を受けた。溝口雄三先生の「日中・知の共同体」関係のワークショップを聴講したこともあった。

大学院時代には、姫田光義先生、奥村哲先生、久保亨先生、高田幸男先生らの中国現代史研究会（開催場所は明治大学）に頻繁に参加した。辛亥革命研究会（日本女子大学）、民国史研究会（中央大学）に参加させていただいたこともあり、晩年の野沢豊先生の謦咳に接する機会もあった。当時、民国史研究の中心の一つだった南京大学に一年間留学し、また現代史研メンバーを中心とする中国、韓国との学術交流や、民国史に関する論文集の編集作業などにも関わった。学会関係では史学会、中国社会文化学会に参加した他、歴史学研究会の委員を二年間つとめた。当時の『歴史学研究』編集長は岸本美緒先生だった。

二〇〇八年に京都大学人文科学研究所附属現代中国研究センターの助教に採用され、二〇一四年まで、森時彦先生、石川禎浩先生の主宰する近代中国研究班の業務を担当した。既に退職されていたが、狭間直樹先生も研究班を組織されていた。研究の上で現代史研と関係の近い広島中国近代史研究会にも京都からよく参加させていただいた。

本書の特に第五章の記述には、筆者がこうした自らの研究生活の中で体験したり見聞したりしたことを元に構成されている部分がある。そのため本書が取り上げた研究史上の出来事や論著に一定の偏りが生じることは免れがたい。読者の批判を請うとともに、それがこれまで十分になされてきたとは言いがたいこの分野の研究の活性化につながればと思う。

なお筆者は二〇二一年四月をもって、七年間勤めた埼玉大学教養学部から京都大学大学院人間・環境学研究科へと転出した。ただ本書の内容の大元は二〇一八年度の埼玉大学での講義に基づく。本書の原稿自体もほぼ埼玉大学在職中に書き上げたものである。

転出の話を切り出した時に嫌な顔一つせずに祝福してくださった埼玉大学教養学部長の野中進先生には心から感謝している。また、一ノ瀬俊也先生、市橋秀夫先生、井上智勝先生、小谷一郎先生、小林亜子先生、権純哲先生、中村大介先生、牧陽一先生、宮田伊知郎先生をはじめとする同僚の先生方にも、在職中一方ならぬお世話になった。さらに、コロナ禍により資料調査も思うに任せない中、埼玉大学図書館情報サービス担当の方々には、毎日のように大量の本やコピーの取り寄せを依頼することになった。本書をこうして刊行することができたのも、その全てに丁寧に対応していただいたおかげである。ここに特に記して感謝の意を表したい。

本書の編集は前著に引き続き吉田亮子さんにご担当いただいた。やはり埼玉在住の吉田さんは、埼玉大学での打ち合わせに自転車でいらしたこともあった。今回も大変丁寧なお仕事をいただいたことに心から感謝している。

村田雄二郎先生、久保亨先生にはご多忙の中本書の原稿を拝読いただいた。残された文章だけからその時代の雰囲気や緊張感を読み取ることは難しいため、ご体験を踏まえた貴重なご意見はいずれも大変参考になった。ただし、本書の記述の責任は全て小野寺個人にあることを明記しておく。

小野寺史郎

二〇二一年八月

参考文献

注で言及したものは省いた

浅野亮「近現代中国を見る視座」浅野亮、川井悟編著『概説・近現代中国政治史』ミネルヴァ書房、二〇一二年。

飯島渉編『大国化する中国の歴史と向き合う』研文出版、二〇二〇年。

井上裕正、村上衛「近代」前掲礪波、岸本、杉山編『中国歴史研究入門』。

宇野重昭「中国――政治」『アジア経済』第一〇巻第六・七号、一九六九年六月。

小倉芳彦「東洋史学の戦後的課題」『現代の眼』第一一巻第一〇号、一九七〇年一〇月。後、前掲小倉『吾レ龍門ニ在リ矣』に収録。

加々美光行「中国――政治・政治史」『アジア経済』第二七巻第九・一〇号、一九八六年一〇月。

加々美光行「総論」加々美光行編『地域研究シリーズ四　中国――政治・社会』アジア経済研究所、一九九五年。

久保亨「戦後歴史学と野澤豊の民国史研究」『近きに在りて』第六〇号、二〇一一年一一月。

久保亨、村田雄二郎、飯島渉「日本の二〇世紀中国史研究」飯島渉、久保亨、村田雄二郎編『シリーズ二〇世紀中国史四　現代中国と歴史学』東京大学出版会、二〇〇九年。

倉石武四郎講述『倉石武四郎講義――本邦における支那学の発達』汲古書院、二〇〇七年。

小谷汪之、中塚明、高橋孝助「アジアの変革と近代」、小島淑男「中国」歴史学研究会編『現代歴史学の成果と課題三　市民革命から帝国主義の成立へ』青木書店、一九七四年。

坂出祥伸『東西シノロジー事情』東方書店、一九九四年。

恒木健太郎、左近幸村編『歴史学の縁取り方――フレームワークの史学史』東京大学出版会、二〇二〇年。

戸川芳郎「漢学シナ学の沿革とその問題点――近代アカデミズムの成立と中国研究の〝系譜〟（二）」『理想』第三九七号、一九六六年六月。

徳田教之「中国――政治」、山田辰雄「中国――政治史」『アジア経済』第一九巻第一・二号、一九七八年二月。

坂野良吉「アジア近代における民衆と帝国主義」歴史学研究会編『現代歴史学の成果と課題Ⅱ―三　帝国主義と現代民

主主義』青木書店、一九八二年。

白永瑞著、李正連訳「中国現代史の再構築と東アジア的視角――韓国からの発信」横山宏章、久保亨、川島真編『周辺から見た二〇世紀中国――日・韓・台・港・中の対話』中国書店、二〇〇二年。

丸川知雄「日本における中国研究の「目線」の変化」『アジ研ワールド・トレンド』第二四巻第三号、二〇一八年三月。

丸山昇「日本における中国現代文学」『桜美林大学中国文学論叢』第二三号、一九九八年三月。

KOJIMA Shinji, "Trends in the Study of Modern Chinese History in Japan: The Postwar Era," *Acta Asiatica: Bulletin of the Institute of Eastern Culture*, No.62 (February 1992).

KUBOTA Bunji, *Japanese Studies on Modern Chinese History (1840-1949), 1973-1983*, Tokyo: The Center for East Asian Cultural Studies, 1986.

主要図版出典一覧

桑原隲蔵　『桑原隲蔵全集』第1巻、岩波書店、1968年
白鳥庫吉　『白鳥庫吉全集』第1巻、岩波書店、1969年
内藤湖南　『内藤湖南全集』第7巻、筑摩書房、1970年
吉野作造　『吉野作造選集』第12巻、岩波書店、1995年
石橋湛山　『石橋湛山全集』第3巻、東洋経済新報社、1971年
矢野仁一　植松正「本会顧問矢野仁一博士訃」『史林』第53巻第2号、1970年3月
橘樸　山本秀夫『橘樸』中央公論社、1977年
尾崎秀実　『尾崎秀実著作集』第1巻、勁草書房、1977年
津田左右吉　『津田左右吉全集』第3巻、岩波書店、1963年
平野義太郎　平野義太郎人と学問編集委員会編『平野義太郎——人と学問』大月書店、1981年
宮崎市定　『宮崎市定全集』第7巻、岩波書店、1992年
島田虔次　小野和子、狹間直樹、三浦國雄、森紀子、吉川忠夫「先学を語る——島田虔次先生」『東方学』第125輯、2013年1月
J・K・フェアバンク　J・K・フェアバンク著、蒲地典子、平野健一郎訳『中国回想録』みすず書房、1994年
中嶋嶺雄　毎日新聞社提供
西順蔵　木山英雄編『西順蔵著作集別巻　西順蔵——人と学問』内山書店、1995年
丸山昇　『丸山昇遺文集』第１巻、汲古書院、2009年
東大正門に掲げられた毛沢東像　毎日新聞社提供
野沢豊　東京都立大学人文学部『人文学報』第185号、1986年3月
溝口雄三　溝口雄三『中国思想のエッセンスII　東往西来』岩波書店、2011年
濱下武志　浜下武志『香港——アジアのネットワーク都市』筑摩書房、1996年
若林正丈　読売新聞社提供

わ行

索引（団体名）

あ・か・さ行

た行

な・は行

ま・ら行

欧文

は行

ま行

か行

索 引（人名）

小野寺史郎

1977年岩手県生まれ。東北大学文学部卒業。東京大学大学院総合文化研究科博士課程修了。博士（学術）。京都大学人文科学研究所附属現代中国研究センター助教、埼玉大学教養学部准教授などを経て、現在、京都大学大学院人間・環境学研究科准教授。専門は中国近現代史。著書に『国旗・国歌・国慶――ナショナリズムとシンボルの中国近代史』『中国ナショナリズム――民族と愛国の近現代史』、共著に『中国と東部ユーラシアの歴史』などがある。

戦後《せんご》日本《にほん》の中国観《ちゅうごくかん》
――アジアと近代《きんだい》をめぐる葛藤《かっとう》

〈中公選書 122〉

著者　小野寺史郎《おのでらしろう》

2021年11月10日　初版発行

発行者　松 田 陽 三

発行所　中央公論新社
〒100-8152　東京都千代田区大手町 1-7-1
電話　03-5299-1730（販売）
03-5299-1740（編集）
URL　http://www.chuko.co.jp/

ＤＴＰ　今井明子

印刷・製本　大日本印刷

Published by CHUOKORON-SHINSHA, INC.
Printed in Japan　ISBN978-4-12-110122-8 C1321
定価はカバーに表示してあります。

中公選書　好評既刊

101 ポストモダンの「近代」
——米中「新冷戦」を読み解く

田中明彦著

権力移行は平和的に進むのか。気候変動、貧困問題に世界は対応できるのか。「新しい中世」の提唱から二〇年余、最新の知見と深い洞察が導く国際政治の現在と未来像を提示する。

108 漢字の構造
——古代中国の社会と文化

落合淳思著

漢字の成り立ちと字形の変化の歴史には、古代中国の生活や風習、祭祀儀礼や社会制度などが反映されている。社会と文化の記憶を解き明かす、新しい方法論に基づいた字源研究の成果。

113 後藤新平の台湾
——人類もまた生物の一つなり

渡辺利夫著

後藤の素質と思想が最大に活かされ、力量が発揮されたのは四十代の台湾総督府民政長官時代であった。「アヘンの島」を植民地経営の成功例としたものは何か。開発経済学の泰斗が描く。

117 「敦煌」と日本人
——シルクロードにたどる戦後の日中関係

榎本泰子著

NHK特集「シルクロード」、平山郁夫の展覧会、井上靖『敦煌』の映画化……。八〇年代を席捲した、あの熱狂は何だったのか。日本人の大陸ロマンを検証し、日中関係の未来を考える。